# 보존이란 무엇인가?

피터 N. 밀러 지음

박유선 옮김

보존이란 무엇인가?
WHAT IS CONSERVATION?

COPYRIGHT © 2023 BARD GRADUATE
CENTER. All rights reserved. This
book may not be reproduced in whole
or in part, in any form (beyond that
copying permitted in Sections 107 and
108 of the US Copyright Law and
except by reviewers for the public press),
without written permission from
the publishers. Authors (Dani S. Bassett,
Peter Cole, Jeffrey Gibson, Campbell
McGrath, Sendhil Mullainathan, Stanley
Nelson, Lauren Redniss, Beth
Shapiro, David Spergel, Marla Spivak,
Ubaldo Vitali, and Emily Wilson)
retain copyrights to individual pieces.

이 책의 전 세계에 대한 한국어 출판권은
저작권자 Bard Graduate Center와
독점 계약한 플레인앤버티컬에 있습니다.
저작권법에 의해 보호를 받는
저작물이므로 어떤 형태로든 무단 전재와
무단 복제를 금합니다.

초판 1쇄 발행
2024년 11월 15일

지은이
피터 N. 밀러

옮긴이
박유선

디자인
임마누엘 양

표지 사진
다 핑 루오

펴낸곳
플레인앤버티컬
press@planeandvertical.com
planeandvertical.com

제작
세계기획

ISBN
979-11-979577-1-0 (92600)

**이**

**책**

**에**

**대**

**하**

**여**

BGCx 출판물은 행사가 종료된 후에도 학습을 지속할 수 있도록 시간에 기반한 프로그래밍을 통해 설계되었습니다. 이 실험적인 출판 프로젝트는 대화, 공연, 실습 참여라는 자발적 연금술을 출발점으로 삼아 지속적인 성찰과 리서치를 위해 예술가를 위해 열린 공간을 제공합니다.

이 책은 '보존'이라는 주제를 가장 넓은 의미로 이해하고 그 중요성에 주목하여 소개하는 비전통적인 안내서입니다. 『보존이란 무엇인가?』에 실린 대화는 2022년 봄에 3일 동안 뉴욕 바드 대학원 센터(Bard Graduate Center, BGC)에서 진행되었습니다. 같은 해, 뉴욕 바드 대학 원센터 갤러리에서는 전시 《Conserving Active Matter》가 열렸으며, 같은 이름의 책과 웹 출판물이 함께 출간되었습니다. 표지에 실린 사진은 전시회에서 발췌된 컷입니다. 이 대담에 참여해 주신 대니 S. 바셋(Dani S. Bassett), 피터 콜(Peter Cole), 제프리 깁슨(Jeffrey Gibson), 캠벨 맥그래스(Campbell McGrath), 센딜 멀레이너선(Sendhil Mullainathan), 스탠리 넬슨(Stanley Nelson), 로렌 레드니스(Lauren Redniss), 베스 샤피로(Beth Shapiro), 데이비드 N. 스퍼겔(David Spergel), 말라 스피박(Marla Spivak), 우발도 비탈리(Ubaldo Vitali), 에밀리 윌슨(Emily Wilson)에게 감사드립니다.

『보존이란 무엇인가?』는 존(John D.)과 캐서린(Catherine T.)의 큰 지원을 받았습니다. 맥아더 재단 펠로 프로그램(MacArthur Foundation's Fellows Program)의 관심과 지원에 깊은 감사를 드리며, 특히 프로젝트에 관심과 배려를 보여주신 크리스타 포스피실(Krista Pospisil)에게 감사의 말씀을 전합니다. BGC에서 열린 행사는 리서치 프로그램의 일환으로, 로라 민스키(Laura Minsky)와 젠 하(Jen Ha)가 기획하고 관리했습니다. 이 책은 다니엘 승철 리(Daniel Seungchurl Lee) 출판 이사, 캐서린 앳킨스(Katherine Atkins) 편집장, 그리고 마케팅과 출판권 담당 부국장인 알렉시스 무하(Alexis Mucha)의 도움으로 제작되었습니다. 이 책을 더욱 유용하게 만들기 위해, 대담 중에 참가자들이 언급한 참고서적의 목록을 부록으로 추가하였습니다.

표지 사진: 전시 《Conserving Active Matter》, 디 핑 루오

2022년

봄

뉴욕

- 대니 S. 바셋
- 피터 콜
- 제프리 깁슨
- 캠벨 맥그래스
- 센딜 멀레이너선
- 스탠리 넬슨
- 로렌 레드니스
- 베스 샤피로
- 데이비드 N. 스퍼겔
- 말라도 스피박리
- 우빌도 비탈리
- 에밀리 윌슨의 대담

**피터 밀러 N.** 이번 대담은 현재 BGC에서 열리고 있는 전시 《Conserving Active Matter》와 함께 진행됩니다. 이 전시는 새로운 유형의 활성 물질과 인간이 무생물에 활력을 불어넣는 새로운 방식을 통해 보존의 의미와 그 미래에 대해 질문을 던집니다. 이로써 앤드루 W. 멜론 재단의 지원을 받아 BGC가 10년간 진행해 온 프로젝트 "보존의 문화"(Cultures of Conservation)가 마무리됩니다. 이 프로젝트는 과거의 물질에 대한 인문학적 연구와 보존이 어떻게 통합될 수 있는지, 그리고 물질 연구 분야에서 보존이 이룬 역사적 발전을 탐구하기 위한 노력이었습니다.

보존의 개념을 활동의 관점에서 보면, 우리가 흔히 생각하는 '보존'은 19세기에서 20세기 사이에 유럽과 미국을 중심으로 형성된 비교적 제한적인 개념입니다. 이 실천은 물질적 구성, 진정성, 변화, 그리고 이들과 관련된 가치들에 대한 철학적 관점을 바탕으로 하고 있으며, 이는 유럽 지성사의 특정한 시기와 깊이 연관되어 있습니다. 우리가 이번 프로젝트에서 탐구한 인도와 일본의 보존 방식은 그 철학적 신념과 역사적 배경이 달라 전혀 다른 양상을 보여줍니다.

이 프로젝트를 통해 우리는 '보존'이 단순히 스튜디오, 작업실, 실험실에서만 이루어지는 것이 아니라 훨씬 더 넓은 범위에서 작동한다는 것을 알게 되었습니다. 우리는 개인이든 단체든 자신의 삶과 가정에서 수집을 통해 '보존'하는 모습을 목격했으며, 물질문화와 주변 환경을 가꾸고 전통적으로 수리하는 과정에서도 '보존'을 발견할 수 있었습니다. 건물의 '역사적 보존'과 야생 생물의 '보존' 사이에서도 개념적 연관성을 확인할 수

있었지만, 지금까지는 이런 다양한 영역에서 같은
단어를 사용하면서도 그 중요성에 대한 재평가는
이루어지지 않았습니다. 우리는 더 나아가 우리 존재의
근본적인 원소 구조에서도 '보존'을 찾아냈습니다.
예를 들어, DNA는 여러 종의 진화를 재구성하려는
연구자들에게 보존의 특별한 도구입니다.
또한, 인간의 정체성을 이어주는 '기억'은 보존의 가장
명확하고 필수적인 요소일 것입니다. 기억 상실을 경험한
사람이라면 누구나 기억이 사라지면 우리는 더 이상
본래의 자신일 수 없다는 사실을 깊이 깨닫게 됩니다.
기억이 없으면 우리는 진정한 자아를 유지할 수 없습니다.
이 프로젝트가 개인의 기억에 보존의 개념을 새겨 넣었다면,
우리는 집단 기억에 관한 문헌을 통해 보존이 어떻게 작용하는지
더 깊이 이해할 수 있을 것입니다. 전시 《Conserving Active Matter》
에서 파이케아(Paikea)와 그의 가족 이야기, 그리고 노라 나란호-모스
(Nora Naranjo-Morse)의 작품 〈Always Becoming〉(2007)은
보존과 기억이 사회적 차원에서 어떻게 얽혀 있는지를 잘 설명해 줍니다.
우리는 이고르 코피토프(Igor Kopytoff)의 고전 『사물의 문화 전기』
(The Cultural Biography of Things, 1986)와 같은 정신으로,
보존과 공동체를 물질의 전기 속에서 읽어낼 수 있습니다.

'보존(conservation)', '보전(preservation)', 그리고
'복원(restoration)'의 중요성을 인식하게 되면, 우리는
이러한 개념들이 유명한 문화적 장소에서도 중요한
역할을 한다는 것을 알 수 있습니다. 예를 들어, 이탈리아
르네상스 역사에서 중요한 텍스트 중 하나의 제목은
'부활한 로마'나 '재건된 로마'가 아닌 '복원된 로마'
입니다. 이는 플라비오 비온도의 『로마의 탄생』(Roma
instaurata, 1444-46)에서 비롯된 것입니다. 또한,

토마스 홉스는 『리바이어던』(Leviathan, 1651)에서 근대
정치의 기원을 자기 보존의 필요성에서 찾았습니다.
그는 "사람들이 공동체에서 살아가게 만드는 자기 억제의
도입은 궁극적으로 그들의 목표와 계획을 달성하기
위한 것이며, 이를 통해 더 나은 삶을 기대할 수 있다."고
주장했습니다. 홉스와 동시대의 갈릴레오, 뉴턴,
라이프니츠 역시 힘이나 운동량의 보존에 대해
논의했지만, 현대 과학에서 이 개념을 확립한 것은
헬름홀츠의 1847년 논문 「힘의 보존에 대하여」
(On the Conservation of Force)였습니다. 헬름홀츠는
20세기 초 과학 철학을 주도한 신칸트주의를 통해
작품 보존에 대한 인식론적 기틀을 마련한 인물로
평가받을 수 있습니다. 비온도, 홉스, 헬름홀츠 모두
예술 작품의 보존에 대해 직접 언급한 적은 없지만,
우리가 예술 작품의 보존 문제에 관심을 두지 않았다면
그들의 공통된 언어와 깊은 울림을 깨닫지
못했을지도 모릅니다.

**'보존'의 다양한 의미를 공정하고 깊이 있게 다루기 위해, 우리는 예술,
자연과학, 사회과학, 인문학 분야의 맥아더 펠로들을 한자리에
모았습니다. 함께 이 주제에 대해 논의함으로써 '보존', '보전', '복원'
이라는 단어들이 지닌 여러 가능성과 뉘앙스를 발견할 수 있을 것이라
기대합니다. 이 프로젝트는 대화의 형태로 진행될 예정입니다.
이제 패널분들께서 이 용어들에 대해 어떻게 생각하시는지 말씀해
주시기를 바랍니다.**

**제 길** 저는 20대 초반에 시카고 필드 박물관에서
**프 슨** NAGPRA(미국 원주민 무덤 보호 및
**리** 반환법) 관련 연구를 보조하는 연구원으로

몇 년 동안 일한 적이 있습니다. 그 경험은 제 삶에 큰 변화를 가져다주었고, 지난 20년 동안 그때 경험한 많은 것들을 이해하고 풀어가는 데 시간을 보냈습니다.

그중 하나는 콜럼버스 이전부터 20세기 초반까지의 아메리카 원주민 물질문화에 대한 물신 숭배 문제였습니다. 20세기 들어 이러한 물건들이 시장에 등장하기 시작했을 때, 그 가치는 매우 저평가되었죠. 하지만 저는 작업에서 이러한 물건들을 중심에 놓고, 다양한 이미지, 사물, 소재와 결합하여 아메리카 원주민의 경험에 대해 가치를 어떻게 정의하고 그 가치가 어떤 역할을 하는지 질문을 던지고자 했습니다.

1990년에 제정된 인디언 공예법(Indian Arts and Crafts Act)은 연방에서 공식적으로 인정받은 부족의 구성원만이 이미지를 창작하거나 사용할 수 있도록 규정했습니다. 이에 따라 이미지 사용과 배포, 제작의 진정성에 대한 논의가 중요한 문제로 떠올랐습니다. 저는 19세기 후반과 20세기의 원주민 경험을 상징하는 다양한 요소들을 섞어 표현하려 했습니다. 예를 들어, 남서부를 여행하면서 주유소에서 구입할 수 있는 물건들, 아메리카 원주민의 상징을 훨씬 더 상징적으로 담은 이미지를 사용해 그 경험을 드러내고자 했습니다.

저는 진정성, 전통, 미래, 과거, 그리고 개인적 서사와 집단적 서사에 대해 오랜 대화를 이어가려고 합니다. 저는 이 대화를 활성화하고 동시대 속에서 이를 유지하며, 다음 장으로 넘어갈 수 있도록 질문들을 던지고자 합니다. 이것은 제가 오랫동안 집중해 온 부분이며, 앞으로도 계속해서 이어 나갈 작업입니다.

**센딜의 너선** '보존'이라는 단어를 들었을 때, 두 가지 이유로 이 프로젝트에 참여하게 되어 정말 기뻤습니다. 첫 번째 이유는 피터가 이야기한 것과 관련이 있고, 두 번째는 제가 경제에 더 많은 관심이 있기 때문입니다. 제가 흥미롭게 느끼는 것은 책을 다 쓴 후 몇 년이 지나 누군가의 말을 듣고 나서야 "아, 이게 바로 내가 말하고자 했던 것이었구나" 하고 깨닫는 순간들입니다.

제 친구 중 한 명이 제 책에 대해 "가장 큰 교훈은 모든 결핍의 문제가 사실 풍요의 시기에 시작된다는 것이었어."라고 말한 적이 있는데, 저는 그 말이 아주 정확하다고 생각합니다. 지금 너무 바빠서 무언가를 할 시간이 없는 이유는, 시간이 많을 때 그 시간을 낭비했기 때문이죠. 희소성은 우리의 마음을 집중시키지만, 풍요는 오히려 주의를 흐트러뜨립니다. 풍요로울 때 우리는 그 상태를 잘 인식하지 못하고, 그저 흘러가는 대로 존재할 뿐입니다. 시간이 충분할 때는 그것이 무한하다고 느껴지기 때문에 시간을 소중히 여기지 않게 됩니다. 그래서 보존의 문제는 우리에게 너무 늦게 다가오는 것 같습니다. 모든 것이 넘쳐날 때는 "언제 이것을 보존해야 할까?" 하고 자문해야 하지만, 대개는 사물이 희소해지기 전까지 주목하지 못하곤 합니다. 이처럼 너무 늦게 깨닫고 행동하는 것이 비극적이라고 생각합니다.

이 주제가 저에게 특히 흥미로웠던 또 다른 이유는, 제가 경제학자로서 경제 모델에서 무엇이 누락되었는지를 항상 신중하게 살펴보기 때문입니다. 경제학자들이 놓치는 부분이 많아 이를 발견하는 것은 어렵지 않지만, 이제 막 논의되기 시작한 개념들 속에서 누락된 요소를 찾아내는 것이 더 중요합니다.

국립경제연구원(NBER)은 실증주의 경제학자들이 연구 논문을 발표하는 주요 기관입니다. 2021년 7월에 발표된 논문 중 하나가 저에게 깊은 인상을 남겼는데, 그것은 바로 '순환 경제'에 관한 논문이었습니다.
이 개념에 대해 들어보신 분이 계시는지 모르겠지만, 저에게는 완전히
새로운 개념이었고, 대부분의 경제학자들도 아직 잘 모를 것으로
생각합니다. 이 논문은 경제학자들에게 순환 경제의 개념을 소개하는 데
중점을 두고 있습니다. 저는 그동안 한 번도 순환 경제에 대해 깊이
생각해 본 적이 없어서 매우 놀랐습니다. 경제학자로서 우리는 주로
생산, 판매, 가격, 균형과 같은 것들에 대해 논의합니다. 여기에는
오염이나 외부 효과와 같은, 생산자가 다른 사람들에게 미치는 이익이나
비용을 충분히 고려하지 않는 경우도 포함됩니다. 이것이 경제학에서
주로 다루는 주요 주제들입니다.

아마도 여러분 중 일부는 '순환 경제'라는 개념이
너무나도 당연해서 제가 이 개념을 이전에 몰랐다는
사실에 의아할 수 있을 겁니다. 하지만 생태학적
관점에서 보면 이런 질문들이 자연스럽게 떠오릅니다.
"우리가 물건을 생산하고 사용한 후에는 그것들이
어떻게 처리되나요? 사용된 물건들은 어디로 가고,
그중 일부는 재사용되나요? 재사용이 더
많이 이루어지는 경제 시스템을 어떻게 설계할 수
있을까요? 2년 후 고장 나는 아이폰 같은 제품을
만드는 시스템이 어떤 문제를 일으키고 있을까요?
내구성이 뛰어난 물건을 만들면 어떤 인센티브가
있을까요? 재사용할 수 있는 제품을 만들기
위한 인센티브는 무엇인가요? 전체 시스템에서
재사용을 촉진하는 순환 경제와 단순히
폐기하는 경제를 어떻게 관리할 수 있을까요?"
제가 책을 가장 많이 읽은 사람은 아니지만, 이러한 질문들을
던지다 보면, 이것이 대부분의 경제학자들이 깊이 고민하지 않은
주제라는 것을 알게 됩니다. 우리가 미처 고려하지 못했던,

그러나 매우 중요한 문제들입니다. 이 분야에서 훈련받은 전문가들이나 정책을 수립하는 사람들이 이런 문제들을 다루고 있다는 점이 얼마나 중요한지 생각해 보세요. 그래서 저는 보존, 보호, 복원이라는 개념을 다루는 방식에 있어서 우리가 여전히 큰 격차가 있다고 생각합니다.

**캠 맥** 이 자리에 함께할 수 있어 정말 즐겁습니다.
**벨 그래스** 저는 다양한 분야를 넘나드는 대화를 아주 좋아합니다. 시의 세계에만 머무르는 대화에는 크게 흥미를 느끼지 못하지만, 다른 분야의 이야기를 들으면 정말 흥미롭습니다. 아무리 노력해도 학계나 우리가 속한 모든 분야가 여전히 고립된 경우가 많기 때문에, 이렇게 다양한 주제를 나누는 자리가 반갑습니다.

저는 시를 역사적이고 문화적인 탐구의 도구로 사용하는데, 이는 일반적으로 시가 쓰이는 방식은 아닙니다. 물론 사랑시나 하이쿠 등 다양한 종류의 시를 쓰는 것도 즐기지만, 특히 역사학자, 인류학자, 문화 사상가가 되고 싶은 저의 열망이 시 속에 녹아들어 갑니다. 덕분에 복잡한 문제를 직접 해결하려 애쓸 필요 없이, 모든 것을 시로 풀어낼 수 있습니다. 만약 그 과정에서 오류가 생긴다면, 그 책임은 다른 사람에게 돌릴 수도 있고요. 저는 주변에서 일어나는 일들을 제 내면으로 가져와 '의식'이라는 필터를 통해 걸러내고, 그것을 시로 형상화할 방법을 찾는 것이 저의 바람입니다.

**로 레렌드니스** 저는 저널리즘과 구술 역사를 예술 작품과 결합한 비주얼 논픽션을 만듭니다. 취재하고, 글을 쓰며, 예술 작품을 창작하는 과정에서 글과 단어, 디자인 사이의 마찰에 깊은 관심이 있습니다. 이 마찰은 각 페이지의 배열, 책의 물리적 구성 요소, 그리고 면지나 표지 같은 세세한 부분까지 포함됩니다. 저는 이 모든 요소가 책의 개념과 통합되어 있다고 생각합니다. 독자가 손에 쥔 책의 물리적 무게와 존재감이 독자가 의미를 형성하는 방식의 중요한 일부라고 보기 때문입니다.

저는 프로젝트마다 새로운 글자체를 만들어 사용하는 경우가 많습니다. 이는 책의 목소리를 더욱 명확하게 표현하는 방법입니다. 주제가 어렵더라도 독자가 몰입할 수 있는 독서 경험을 제공하고자 합니다. 제 작품 대부분은 과학, 환경, 기후 변화, 그리고 채굴 산업이 삶과 공동체에 미치는 영향을 다루고 있습니다. 가장 최근의 책『오크 플랫』(Oak Flat)은 북미에서 가장 큰 구리 광산 개발을 주제로 한 이야기입니다. 이 구리 매장지는 아리조나 남동부에 위치한 아파치족의 성지 아래에 있습니다. 이곳은 영어로는 "오크 플랫", 아파치어로는 "빌다고테엘"(Bildagoteel)이라 불리며, 오랫동안 아파치 종교의식이 치러지던 장소이자 그들이 식량과 약초를 채집하던 곳입니다. 그러나 이 광산 개발로 인해 오크 플랫은 파괴될 위기에 처해 있습니다. 이 책은 아파치족 가족과 광산 가족, 두 가족의 이야기를 중심으로 전개됩니다.

오늘의 대화와 연결되는 중요한 점은 오크 플랫이 100년 넘게 톤토 국유림의 일부로 존재해 왔다는 사실입니다. 이 땅은 '보호받는' 땅으로 여겨졌지만, 실제로는 다른 많은 국유림이나 국립공원처럼 원주민들로부터 빼앗은 땅입니다. 이름에서도 알 수 있듯이, 정부는 이 지역을 국유림으로 만들기 위해 톤토 아파치족을 보호구역으로 강제 이주시켰습니다. 이는 보존이라는 명목으로 정복의 역사를 숨긴

전형적인 사례입니다. 그리고 이러한 역사는 오늘날 광산 개발 논의에서도 여전히 드러납니다. 구리는 정보 시대의 핵심 자원으로, 스마트폰이나 고속 인터넷 접속 등 현대 생활에 필수적인 요소입니다. 구리가 없다면 줌(Zoom) 같은 플랫폼을 사용할 수 없을 뿐 아니라, 태양광 및 풍력 에너지와 같은 재생 가능 에너지원에도 중요한 역할을 합니다.

정치인들과 기업 임원들은 이러한 필요성을 강조하며 광산 개발을 정당화하고, 환경 운동가들의 언어를 차용해 이를 옹호합니다. 즉, 보존이라는 수사학은 부당한 이득을 숨기기 위한 도구로 사용되고 있습니다. 이는 전형적인 그린워싱의 사례라고 할 수 있습니다.

**스넬 탠슨리** 저는 지난 40여 년간 다큐멘터리 영화를 만들어 왔습니다. 대부분은 아프리카계 미국인 역사에 관한 것이며, 그중 많은 부분은 잘 알려지지 않거나 왜곡된 역사를 새로운 방식으로 다시 전달하는 데 초점을 맞추고 있습니다. 특히 중요한 것은, 역사를 살아간 사람들이 직접 자신의 이야기를 들려줄 수 있도록 하는 것입니다. 지난 25년 동안 저는 내레이션을 거의 사용하지 않았습니다. 그 대신에 사건에 참여한 사람들의 목소리를 통해 이야기했습니다. 아카이브 자료를 깊이 탐구하며, 비디오, 사진, 오디오, 음악 등 다양한 매체를 활용해 이야기를 전달하고, 관객들이 과거로 돌아가 그 사건을 생생하게 느낄 수 있도록 돕고 있습니다.

영화 제작 과정에서 흥미로운 점은 영화 연구, 실제 촬영, 편집이 동시에 이루어진다는 것입니다. 최근에는 영화를 세상에 알리고 홍보하는 데도 깊이 관여하고 있습니다. 특히 최근에 제작한 영화 「아티카」(Attica)가 아카데미상 후보에 오르면서 완전히 새로운 경험을 하게 되었습니다. 영화를 홍보하고 알리는 과정은 정말 놀라운 경험이었고, 지난 6개월간 이 작업에 몰두해 왔습니다.

> 그래서 저는 마치 보존 주의자의 역할을 하는 것처럼 느껴질 때가 많습니다. 사람들을 촬영하고 그들의 이야기를 처음으로 세상에 알리는 경우가 많은데 특히 편집하는 과정이 매우 흥미롭습니다. 하지만 저희가 인터뷰한 사람들의 이야기 중 아주 작은 부분만 사용하고 있습니다. 이것이 영화를 만드는 과정입니다.

**대니바셋** S. 저는 과학자입니다. 제 연구의 핵심은 우리 주변 세계의 복잡성을 탐구하는 데 있습니다. 복잡한 시스템은 수많은 작은 단위들이 서로 작용하여 거대한 규모의 현상을 만들어내며, 이러한 시스템들은 예측하기가 매우 어렵습니다. 주식 시장의 예기치 못한 폭락, 의식을 만들어내는 인간의 뇌, 언제든 눈사태가 발생할 수 있는 모래 더미 등이 그 예입니다. 수 세기 동안 과학자들은 이러한 시스템을 이해하기 위해 개별 요소들을 분리하고 특성화하며 연구해 왔지만, 점차 단위들만으로는 전체 시스템을 설명할 수 없다는 사실을 깨닫게 되었습니다.

이제 우리는 이 거대한 현상을 설명하기 위해 그 요소 간의 복잡한 상호작용 패턴을 설명할 수 있는 일종의 언어가 필요하다는 결론에 도달했습니다. 주식 시장의 붕괴부터 인간의 뇌에 이르기까지,

모든 것이 의식을 형성하는 과정에서 중요한 역할을 합니다. 제가 집중하는 복잡성 과학은 이러한 상호작용을 이해하기 위한 언어를 제공합니다. 이 언어는 수학적이면서도 개념적이며, 물리적, 생물학적, 사회적 시스템의 작동 원리를 설명하는 데 필요한 복잡한 네트워크를 포괄하는 이론적 도구입니다. 이를 통해 우리는 단순한 규칙을 도출하는 동시에 광범위한 상호작용을 더 깊이 이해할 수 있습니다.

**피터 콜** 저는 시인이자 번역가로서, 제 작업은 단순히 '사이'에 있는 것뿐만 아니라 서로 다른 문화 안팎에 동시에 존재하는 것에 대한 탐구입니다. 이는 미국과 중동 간의 분열과 예루살렘과 미국 내의 다양한 하위문화도 포함됩니다. 저는 히브리어와 아랍어를 광범위하게 번역해 왔지만, 최근에는 시각적, 구두적, 언어적, 음악적 표현 사이에서 이루어지는 작은 번역들, 즉 우리가 일상에서 즉흥적으로 수행하는 다양한 형태의 번역에 관심을 가지게 되었습니다. 이러한 주제가 지난 10년 동안 제 작업의 중심이 되어왔습니다.

제 책 『Draw Me After』의 제목은 아가서(Song of Songs)의 한 구절에서 발췌했습니다. 이 작업에서 제가 특히 관심을 둔 것은 관계의 유사성입니다. 대니가 복잡한 상호작용을 매핑해야 한다고 언급한 것처럼, 저도 언어적 매트릭스를 매핑하는 작업을 하고 있다고 생각합니다. 아가서의 핵심 주제 중 하나는 소망이며, 이는 지속 가능한 방식으로 소망을 어떻게 보존할 것인가라는 문제로 이어집니다. 그리고 다양한 언어에서 보존이 어떻게 수행될 수 있는지에 관한 질문을 던지고 있습니다.

**에밀리 윌슨** 저는 문학 연구자이자 번역가, 문화 역사학자로서 고대 그리스와 로마 문학, 철학, 그리고 그 후대의 수용 과정에 관심이 있습니다. 오늘 대화에서는 '보존'보다는 '수용'이라는 주제에 초점을 맞춰야 한다고 생각합니다. 저는 문화적이고 문학적인 표현이 후대 전통 속에서 어떻게 변형되는지에 관심이 있으며, 보존보다는 변형의 과정에 주목하고 있습니다. 예를 들어, 호머의 『일리아드』와 『오디세이』는 초기 단계부터 이미 훨씬 오래된 신화적 전통을 변형한 흔적을 보여줍니다.

『일리아드』는 보존이나 보전의 개념과는 다릅니다. 이 작품은 우리가 호머의 『트로이 전쟁』에 대해 이야기할 때 주목하는 부분이기도 합니다. 『트로이 전쟁』은 트로이 전설을 독특하게 해석하며, 이는 아마도 당시 관객들에게 예상치 못한 방식이었을 것입니다. 신화적 전통에서 중요한 몇 가지 요소들이 『일리아드』에서는 생략되었고, 그 결과 이 작품은 아주 오래된 신화를 새롭게 재해석한 시로 읽힙니다. 그래서 저는 신화와 문학에 관해 이야기할 때, 보존과 보전보다는 문학이 고대의 전형적인 이야기를 어떻게 재해석해 새로운 것으로 만들어내는지에 더 주목하고 있습니다.

저는 문학 텍스트, 특히 고대 텍스트에서 나타나는 윤리와 가치에 관심이 많습니다. 또한, 후대의 사람들이 우리 문화의 이전 시기로부터 온 고대 텍스트와 교류하면서 그 속에 담긴 가치와 윤리가 어떻게 작용하는지에도 주목하고 있습니다. 이와 관련하여 항상 떠오르는 질문들은 다음과 같습니다. "우리는 무엇을 보존해야 할까요? 누구를 보존해야 할까요? 그것이 어떤 의미를 가질까요?

노예제도와 식민지 범죄자들에 의해 작성된 단어들을
보존하는 윤리는 무엇인가요? 그리고 그러한
텍스트의 독자로서 우리가 중요하게 여기는 가치와
그 텍스트가 만들어졌던 사회의 가치 사이에서 생기는
긴장을 어떻게 해결할 수 있을까요?"

저는 문학 연구자이자 역사학자이며, 동시에 번역가로도 활동하고
있습니다. 번역가로서 저는 무언가를 복제한다는 것의 의미에 대해, 즉
일종의 동등성을 만들어낸다는 것이 무엇을 의미하는지 끊임없이
고민합니다. 이는 오늘 대화에서 언급된 보존, 보전, 복원이라는 개념과
맞닿아 있다고 생각합니다. 저는 의미론적 동등성뿐만 아니라
음향적, 문체적, 혹은 리듬적 동등성을 어떻게 구현할 수 있을지도
지속적으로 고민합니다. 또한, 한 언어에서 완전히 다른 언어로
텍스트를 옮길 때 그 본질을 보존하거나 보전하는 것이 얼마나 어려운지,
때로는 불가능하다는 점에 대해서도 늘 생각하고 있습니다.

번역가가 텍스트의 본질을 '보존'하는 과정에서
무엇을 우선시해야 하는지에 대한 일반적인 가정은
종종 잘못된 경우가 있다고 생각합니다. 학생들과
학자들은 단어의 사전적 정의만 충실히 옮기면 보존이
이루어졌다고 생각하지만, 실제로는 중요한 많은
것들을 놓칠 수 있습니다. 스타일, 분위기, 억양, 특성,
에너지, 감정 등 번역 과정에서 사라질 수 있는
많은 요소가 있습니다. 단순히 사전적 의미를 그대로
보존했다면, 오히려 본질적인 부분을 놓쳤을
가능성이 크죠.

그래서 저는 번역가가 작업을 시작할 때 보존이 불가능하다는 전제를
하고 접근해야 한다고 생각합니다. 예를 들어, 제가 번역한 호머의
『일리아드』와 『오디세이』는 원작의 단어를 그대로 보존하지 않습니다.
이런 상황에서 진실을 전달할 책임이 있다는 것은 무엇을 의미할까요?

저는 번역을 할 때 항상 책임감과 진실을 전달해야 한다는 점을 중요하게 생각합니다. 그러나 동시에, '이 본질을 온전히 보존할 수 없다는 것을 알면서도 어떻게 진실을 전달할 수 있을까?'라는 딜레마를 끊임없이 고민합니다. 번역의 불가능성을 인정하는 그 순간부터 진정한 번역 작업이 시작된다고 생각합니다.

**우 비** 저는 은세공인, 미술사학자, 그리고
**발 탈** 연금술사로서 금속이나 점토를 다루며
**도 리** 무언가를 만드는 작업을 하고
있습니다. 예술은 물질의 변화와 변형을 반영합니다. 바로 이 점이 제가 예술에 흥미를 느끼는 이유이기도 합니다. 저는 로마에서 태어나 자라면서 예술과 보존, 복원에 대한 특별한 경험을 할 수 있었습니다. 특히 1960년대에는 보존과 복원 분야가 새로운 방향으로 나아가고 있었고, 그 변화를 이끈 중요한 출판물 중 하나가 체사레 브란디(Cesare Brandi)의 저작물 [『문화유산의 수복이론』(Teoria del restauro, 1963)] 이었습니다. 이 책은 오늘날 우리가 이해하는 복원 개념의 기초가 되었습니다. 그 시기에 제가 변화의 현장에 있었다는 것은 큰 행운이었습니다. 제가 직접 기여한 것은 아니지만, 그들이 유물들을 보존하며 어떤 목표를 추구했는지, 과거를 지키기 위해 어떤 변화를 시도했는지를 가까이서 들을 수 있었기 때문입니다. 로마에서 저와 아버지, 할아버지는 여러 작업장에서 일했고, 동시에 소프린텐덴차(Soprintendenza)에서 일하면서 박물관을 관리하고 다양한 시대의 유물들을

복원했습니다. 그 유물들 하나하나가 저에게
보존, 보전, 복원의 진정한 의미에 대해 깊이 생각할
기회를 주었습니다.

제가 특히 기억에 남는 것은 종교적인 유물들입니다. 저는 기독교,
이슬람교, 유대교의 종교적 물품을 복원하는 일에 큰 자부심을 느낍니다.
이러한 유물들은 신앙을 쉽게 전달하려는 목적을 담고 있습니다.
저는 항상 이 물건이 어떻게 만들어졌는지, 그 제작 과정에서 어떤 의도가
담겼는지를 알아내려고 노력합니다. 예를 들어, 어떤 경우에는
유대교 물품이 기독교 금세공인에 의해 제작되었는데, 그 금세공인은
유대교 신자의 의도를 충분히 이해하고 물품을 제작할 수 있었습니다.

가장 흥미로운 점은, 이러한 물건들이 그 당시
예술가의 기억을 담고 있다는 것입니다. 많은 유물은
여러 시대의 요소들이 결합한 복합체가 되었습니다.
예를 들어, 세례자 요한의 유물인 아래턱뼈를 복원했던
일이 기억납니다. 그 뼈의 일부는 13세기 시에나에서
만들어진 것이었지만, 시간이 지나면서 여러 시대의
요소들이 덧붙여졌습니다. 우리는 보존가로서
이런 유물을 마주할 때 어떤 부분을 보존해야 할까요?

각각의 요소가 특정한 기억을 담고 있기 때문에, 우리는 가능한 한
모든 것을 보존하려고 노력합니다. 예를 들어, 한 유물은 16세기에
신성 로마 제국의 군대가 약탈하고 파괴할 때 숨겨져 매장되며
보호되었습니다. 그리고 다음 세기에, 이 유물은 다시 세상에 모습을
드러내며 전달되었습니다. 이는 마치 고층 건물과도 같습니다.
각 층이 고유한 무언가를 상징하듯, 물건 하나하나가 기억의 궁전과도
같죠. 이 궁전 안에는 지하실, 1층, 2층 등이 존재합니다. 우리는
모든 것에 대한 전문가가 될 수는 없지만, 어떤 부분을 제대로 복원하려면
전체를 이해하려고 노력해야 합니다. 가능한 한 많은 것을 이해하는
것이 중요합니다.

**베샤스피로** 저는 보존 생물학자로도 일을 하고 있습니다. 여기서 제가 말하는 '보존'이라는 용어는 일반적인 의미와 조금 다를 수 있습니다.

잠시 돌아가서 설명하자면, 저는 고대 생물의 DNA를 발굴하는 현장 연구를 통해 보존 분야에 발을 들이게 되었습니다. 저는 북극과 같은 지역에 가서 과거에 살았던 동물들의 뼈를 발굴하고, 작은 뼛조각을 갈아 DNA를 추출합니다. 이 DNA에는 그 개체뿐만 아니라 개체군과 종, 그리고 더 나아가 생태계의 진화 역사가 고스란히 담겨 있습니다. 그래서 우리는 이 DNA 서열을 모아, 수학과 다양한 모델을 사용해 그 종의 진화 역사를 추적하려고 합니다.

우리가 확보할 수 있는 가장 오래된 DNA는 대략 몇만 년 전의 것입니다. 예외적인 사례로 지난해 1월에 우리는 백만 년 된 매머드의 DNA를 확보한 논문을 발표했지만, 이는 매우 드문 경우입니다. 제가 주로 연구하는 분야는 인류가 하나의 계통으로 등장한 이후 주변의 생물들이 어떻게 진화해 왔는지에 관한 것입니다. 흥미로운 점은 인간이 처음으로 자연에 미친 영향이 많은 생물종의 멸종을 초래했다는 사실입니다. 그러나 이후 우리의 조상들은 가족을 부양하기 위해 모든 생물을 멸종시킬 필요가 없다는 것을 깨닫게 되었습니다. 생식 능력을 이해하고 다음 해에 새로운 개체를 태어나게 하는 방법을 알게 되면서 농업, 사냥, 목축이 시작되었습니다. 20세기 초에 이르러서는 인간과 가축의 수가 너무 많아져서, 생물 다양성이 풍부한 지구를 유지하기 위해 모든 것을 통제하고 관리해야 한다는 사실을 깨달았습니다. 이것이 바로 보존의 본질입니다.

제 분야에서는 흔히 보존을 '내버려두는 것'으로 생각하지만, 실제로는 그 반대입니다. 우리는

생물이 어디에서 살고, 얼마나 많은 개체가 번식하며,
무엇을 먹을지 등 여러 측면을 적극적으로 관리하고
개입해야 합니다. 자연 과학에서의 보존은 실제로
매우 적극적인 개입을 필요로 하지만, 사람들은 대부분
그렇게 생각하지 않습니다.

지금은 보존에 대한 논의를 잠시 미루고, '복원'에 대해 더 생각해 보고
싶습니다. 복원은 현재 생태학에서 중요한 주제로 떠오르고 있지만,
몇 가지 문제점이 있습니다. 복원이란 결국 어떤 이상적인 상태를 목표로
삼는다는 것을 의미하기 때문입니다. 이 점은 우리의 질문과도
연결됩니다. 우리는 그 결정을 내릴 수 있을까요? 어느 시점을 기준으로
복원해야 할까요? 50년 전, 100년 전, 아니면 1만 년 전의 상태로
복원할까요? 그리고 지구와 생태계에 가장 적합한 것이 무엇인지 누가
결정할 수 있을까요?

**데이비드 퍼겔 N.** 저는 현재 사이먼스 재단(Simons Foundation) 회장으로 활동하고 있지만, 대부분의 경력 동안, 그리고 지금도 여전히 천체물리학자로서 우주를 연구하고 있습니다. 제 주요 연구 분야는 빅뱅의 잔여 열인 우주 마이크로파 배경 복사를 관찰하는 것입니다. 이는 우주에서 가장 오래된 빛이죠. 특수 상대성 이론에 따르면, 빛은 유한한 속도로 이동하기 때문에 우리가 우주를 바라볼 때 실제로는 과거를 보고 있는 셈입니다. 예를 들어, 태양은 현재가 아니라 8분 전의 모습을, 4광년 떨어진 별은 4년 전의 모습을, 안드로메다 은하는 100만 년 전의 모습을 보여줍니다. 허블 우주 망원경으로 본 먼 은하는 100억 년 전의 모습을 보여줍니다. 제 연구는 주로 빅뱅 후 약 30만 년이 지난 138억 년 전 우주의 모습을

마이크로파 배경 복사를 통해 관찰하는 데 집중하고 있습니다.

두 번째로 이야기하고 싶은 주제는 일반 상대성 이론입니다. 이 이론은 물질이 공간에 곡률을 부여하고, 그 곡률이 물질과 빛의 이동에 어떻게 영향을 미치는지 설명합니다. 일반 상대성 이론에 대한 첫 번째 증거는 1919년 대규모 일식 관측에서 나왔습니다. 태양의 중력장에 의해 별들의 가시적 위치가 어떻게 변하는지를 보여주었죠. 하지만 이 현상은 더 큰 규모에서도 동일하게 적용됩니다. 먼 은하를 관찰할 때, 그 은하의 이미지는 빛이 지나오는 경로에 있는 물질의 영향을 받습니다. 이를 통해 저는 우주를 관찰할 때 볼 수 있는 유사한 패턴을 발견했습니다. 초기 우주의 빛이 우리에게 도달하는 과정에서도 다양한 경험에 의해 영향을 받으며, 그 빛의 전파 과정 자체도 매우 흥미롭습니다.

예를 들어, 허블 망원경으로 은하의 이미지를 촬영해 아인슈타인 고리와 같은 원형 이미지를 복원할 때, 우리는 그 은하가 앞에 있는 다른 은하에 의해 왜곡되기 전의 원래 모습을 상상하게 됩니다. 그러나 왜곡 자체가 물질의 분포에 대한 중요한 정보를 제공하기 때문에, 때로는 왜곡을 분석하는 과정이 원본 이미지를 보는 것보다 더 흥미롭습니다. 우리가 아는 원자는 우주의 5%에 불과하고, 나머지 95%는 암흑 물질이나 암흑 에너지로 구성되어 있습니다. 우리가 아직 우주에 대해 아는 것이 많지 않기 때문에 이 부분이 특히 흥미롭습니다. 이를 관찰하는 가장 직접적인 방법의 하나는 이들이 만들어내는 왜곡을 추적하는 것입니다. 복원의 과정은 이를 이해하는 데 큰 도움을 줍니다.

앞서 언급했듯이, 제 연구는 우주 마이크로파 배경 복사에 중점을 두고 있습니다. 이를 통해 우리는 우주가 매우 뜨겁고 밀도가 높았던 초기 상태를 관찰하며, 마치 우주의 유년 시절을 담은 사진을 보는 것과 같은 경험을 하게 됩니다. 제가 사용하는 아타카마 우주 망원경은 해발 약 17,000피트 고도의 사막에 설치되어 있습니다. 그곳은 매우 건조하고 빛 공해가 적어 관측에 최적의 조건을 제공합니다. 우리는 빅뱅의 잔열을 관찰하면서, 하늘에서 마이크로파 이미지를 제작하는 작업을 진행하고 있습니다. 이 과정에서 하늘에서 밝은 부분과 어두운 부분의 강도 패턴을 분석하고, 편광 패턴에서도 많은 정보를 얻습니다. 빛은 편광되어 있기 때문에 이를 매핑하여 더 많은 데이터를 추출할 수 있습니다. 오늘 우리 연구팀은 하늘의 특정 부분을 관측하여 이미지를 촬영한 후, 이를 재구성해 내부적으로 공유했습니다. 이 이미지는 지금 이곳과 138억 년 전 우주 사이에 존재하는 모든 물질의 분포를 보여줍니다. 이러한 복원 과정은 우주의 역사에 대해 많은 것을 밝혀줄 뿐만 아니라, 암흑 물질을 연구하는 중요한 방법의 하나입니다.

**말 스**  저는 주로 벌집을 관찰하며 시간을 보내며
**라 피**  벌의 시선으로 세상을 보는 경향이 있습니다.
**박**  물론, 아이러니하게도 저는 인간이고
인간의 눈을 가지고 있지만, 벌들의 공간에서 보내는 시간이 더 편안하게 느껴집니다. 저는 주로 꿀벌에 대해 연구합니다. 또한 미국의 토종 곤충, 즉 꿀벌 이외의 다양한 종들에 대한 연구도 많이 하고 있습니다. 참고로 꿀벌은 미국 토종 곤충이 아닙니다. 특히, 꿀벌들이 어떻게 건강 관리를 하는지에 대해 깊이 연구하고 있는데, 꿀벌들은 사회적인 의료 서비스를 받고 있으며, 그들의 건강 관리 시스템은 매우 체계적입니다. 저는 꿀벌들이 스스로 건강을 유지하는

방법을 살펴보며, 사람의 개입을 최소화할 수 있는
방법을 찾고 있습니다. 결국, 꿀벌들은 인간의
도움 없이도 자립할 수 있어야 합니다. 그래서 저에게
'보존'이라는 단어는 매우 중요한 의미를 지닙니다.

**이제 질문으로 넘어가 보겠습니다. 보존, 보전, 복원이라는 단어들이
여러분에게 어떤 의미인지, 그리고 각각의 단어가 어떤 차이를 갖는지
궁금합니다. 말라, 이어서 이야기해 주시겠어요?**

**말 스**  보존은 저에게 많은 의미를 담고 있는
**라 피**  단어입니다. 때로는 보존, 보전, 복원이라는
**박**    단어가 무언가를 붙잡으려는 시도처럼
느껴지기도 하지만, 동시에 앞으로 나아갈
방향을 제시하기도 합니다. 꿀벌의 건강을 생각할 때,
센딜이 언급한 순환 경제에 대한 이야기가 매우
흥미로웠습니다. 저에게 순환 경제는 재생할 수 있는
농업을 의미하기 때문입니다. 이는 토양을 건강하게
만들어 동물에게 목초지를 제공하고, 자신을 위한 식량을
재배할 수 있으며, 동시에 야생 동물과 토양에 영양분을
공급하는 과정입니다. 이러한 방식이야말로 꿀벌을
비롯한 모든 생명체를 위해 우리가 해야 할 일이라고
생각합니다. 그래서 제프리가 말한 것처럼, 보존은
정체된 상태를 유지하는 것이 아니라 끊임없이 앞으로
나아가는 것입니다. 그리고 그 과정은 다양한 방식으로
이루어져야 합니다. 가능한 모든 수준에서 다양하게
나아갈수록 더 좋다고 생각합니다. 그것이 제가 바라는
방향입니다.

**제프리 손** 제가 필드 박물관에서 일할 때, 많은 물건이 소장품으로 들어왔습니다. 이 물건들은 보존을 위해 훈증 처리되었고, 비소 같은 살충제도 사용되었습니다. 그 결과, 물건들이 독성을 띠게 되었죠. 부족 대표단이 방문했을 때, 그들은 마치 조상들이 독살된 것처럼 느꼈습니다. 또, 부족들에게 반환될 물건들이 박물관 밖의 통제되지 않은 환경으로 돌아가면 해체될 수 있다는 우려도 있었습니다. 물건들이 해체되면 더 이상 보유할 수 없다는 이유로 논쟁이 벌어지기도 했습니다. 여기서 중요한 두 가지는, 첫째, 박물관에서 말하는 '보존'이 부족의 입장에서는 '독살'로 인식된다는 점입니다. 둘째, 부족의 문화적 관행에서 물건이 해체되는 과정은 새로운 물건을 만들거나 수리할 기회를 제공하는, 일종의 수명 주기의 일부로 여겨진다는 것입니다.

이 경험을 통해 제가 배운 것은, 모든 것을 고스란히 놔두고, 낡은 것은 그대로 두며, 지속을 위해 필요한 지식만 남겨야 한다는 점입니다. 북을 치고, 의상을 입고, 의식용 꾸러미를 풀어 다시 포장하는 작업도 필요합니다. 이는 박물관이 진정성에 대해 가지고 있는 관점과 완전히 상반되는 접근 방식이었습니다. 예를 들어, 의식용 꾸러미를 보면, 사슴 가죽이나 훈제된 뇌 가죽 같은 재료들이 무역을 통해 이동하면서 포장지가 일종의 시간의 흐름을 보여준다는 것을 알 수 있습니다. 정부에서 발행한 담요나 세계 각국의 다양한 직물도 포장지로 사용되었습니다. 이러한 물건들은 단순한 물건이 아니라, 이야기를 전달하는 매개체입니다. 때로는 전쟁터에서 수거된 보따리가 다음 소유자가 지정되지 않아 포장되지 않은 채 남겨지기도 했습니다. 이야기는 여기서 멈추지만, 그러한 부재조차도 어떤 의미를 전달할 수 있습니다. 이러한 사물들에 대한 논의는 그것들이 다음 단계로 변화할 수 있도록 대화의 장을 열어두기 위한 시도입니다.
보존이나 보전이 물건의 생애 마지막이 되어서는 안 된다는 것입니다.

**그래서 그것이 "진정성"이라는 의미인가요?**

**제 깁** 네, 저는 진정성이란 사물을 하나의 살아있는
**프 슨** 존재로 보고, 그 사물이 태어나고 삶을 영위하는
**리** 것으로 바라보는 과정에서 진정성이 드러난다고
생각합니다. 시카고 아트 인스티튜트에서
공부할 때, 예술 제작과 오브제에 대한 반(反) 아우라적
비평이 많이 있었지만, 예술가들은 여전히 스튜디오에서
발생하는 마법 같은 것들, 즉 색을 섞고 그림을 그리고
영성을 담아내는 창조적 작업에 관해 이야기하곤
했습니다. 그러나 이런 이야기는 갤러리나 박물관 같은
곳에서는 다루기 어려웠습니다. 그래서 저는 처음에는
사물과의 반응을 통해 관계를 배우기 시작했고,
시간이 흐르면서 점점 더 그들과 교류하게 되었습니다.
예를 들어, 가방 같은 물체를 살아있는 존재로 여기고,
만약 그 가방이 50년 동안 숨을 쉬지 못하고 음식, 태양,
공기와 단절된 상태라고 느끼는 것은 저에게 매우
급진적인 접근이었습니다. 왜냐하면 박물관에서 말하는
'보존'이라는 개념은 본질적으로 물체를 제거하고
안정화하며 정지 상태로 만드는 과정이었기 때문입니다.

**말 스** 정말 멋진 이야기네요, 고마워요.
**라 피**
**박**

## 이 이야기가 캠벨의 작업과는 어떻게 연결될 수 있을까요?

**캠벨 맥그래스** 처음 이 주제에 대해 생각했을 때, 복원이라는 개념은 저에게 그렇게 와닿지 않았습니다. 하지만 시가 항상 과거를 돌아본다는 점에서 보존과 보전은 이해할 수 있었죠. 우리는 언제나 『베오울프』(Beowulf) 같은 작품이나 시의 기원으로 돌아가서 "시는 무엇인가? 시의 본질을 이해하지 않고 우리가 지금 하는 일을 어떻게 이해할 수 있을까?"라고 질문하게 됩니다. 물론 전 세계적으로 다양한 시와 문학 형식이 존재하지만, 저는 14세기 이탈리아에서 유래한 캔조네(canzone)라는 형식을 사용해 전쟁과 게르니카에 대한 시를 썼습니다. 제가 왜 피카소와 게르니카와 전쟁에 관한 시를 프랑스 남부의 트루바두르(troubadour)로부터 시작되어 이탈리아로 전파된 형식으로 써야 할까요? 글쎄요, 사실 저도 잘 모르겠지만, 그게 바로 우리가 하는 일입니다. 우리는 그 형식을 보존하며, 그것이 중요한 요소라고 생각합니다. 처음에는 '복원'이라는 개념이 잘 와닿지 않았습니다. 하지만 시인으로서 자원이 언어라는 점을 생각하면서 관점이 조금 달라졌습니다. 영어는 문화와 관련된 위원회가 새로운 단어를 승인하여 보존하는 언어가 아니라, 다른 언어를 흡수하며 계속 성장하는 다언어적 언어이기 때문입니다.

언어는 언제나 권력에 의해 점유되며, 때로는 우리에게 불리한 방식으로 사용됩니다. 광고에서 이러한 예를 쉽게 찾아볼 수 있습니다. 예를 들어, "코카콜라는 삶이다", "코카콜라가 바로 그것이다"와 같이 기업들은 언어를 장악하여 그들의 이익을 위해 사용합니다. 마치 이 회사가 없으면 우리는 존재할 수 없거나, 행복이 불법인 것처럼

느끼게 만듭니다. 제프리의 말을 빌리자면, 시인들은
전통적으로 언어에 진정성을 회복하고, 진실의 가치를
되찾으려고 노력해 왔습니다. 진실은 언어에서 너무
쉽게 빠져나가기 때문입니다. 우리는 지난 10년 동안
국내 정치에서 이러한 현상을 목격했습니다.
만약 누군가가 계속해서 검은 것을 흰 것이라, 흰 것을
검은 것이라 주장한다면, 결국 무엇이 진실인지에 대한
개념이 혼란스러워질 수 있습니다.

시인들은 전통적으로 "언어는 실제로, 탄력적인 자원으로, 그리고
우리가 함께 살아가는 것으로 조금 다르게 보려고 노력하는 것"이라고
주장해 왔습니다. '정직함'이라는 단어는 매우 난해하고 복잡하지만,
누군가는 그 본연의 정직함을 유지하도록 노력해야 합니다. 시인들이
이미 그러한 작업을 하고 있을지 모르지만, 동시에 이 작업에 아무도
관심을 기울이지 않는다는 점에서 또 다른 복잡함이 생깁니다.
우리는 정말로 그 작업을 하는 걸까요, 아니면 단지 우리 자신을
즐겁게 하는 것일까요? 저는 우리가 지속적으로 복원 작업을 하고 있다고
생각하지만, 그것이 더 큰 문화에 어떻게 전달되는지는 확신할 수
없습니다. 과거에는 시인들이 일종의 중재자로서 주목받고 존중받았던
시기가 있었지만, 지금은 분명히 그런 위치에 있지 않습니다.

**시인을 벌에 비유할 수 있을까요? 언어를 벌집에 비유하는 것은
어떨까요?**

**센 멀** 처음에 보존, 보전, 복원이라는 단어들에
**딜 레** 대해 어떻게 생각했는지 물으셨죠? 그 질문을
**이** 받고 나서, 이 단어들에 대해 꽤 큰 편견을
**너** 가지고 있었다는 것을 깨달았습니다. 말라와
**선** 제프리의 이야기가 그 편견을 더 명확하게

해준 것 같아요. 제가 이 편견이 어디서 왔는지
설명해 드릴게요. 저는 7살까지 인도에서 자랐고, 그 후
미국으로 오면서 인도 문화도 함께 가져왔습니다.
제 아버지는 조금 예외적이었지만, 인도 문화는 때때로
그 무게 때문에 답답하게 느껴질 수 있었습니다.
예를 들어, 제 부모님 세대 대부분은 중매결혼을
했습니다. 제 어머니와 아버지도 결혼할 때 처음 만났죠.
저는 미국에서 자라면서 중매결혼을 원하지 않는다고
생각했습니다. 그래서 저에게 보존과 보전이라는 개념은
항상 과거로 끌려가는 느낌과 연관되어 있었습니다.
마치 저를 무언가로 되돌리려는 힘처럼 느껴졌죠.
그런데 지난 2년 동안 몇 가지 경험을 통해 이 문제를 너무 편협하게만
생각하고 있었다는 걸 깨달았습니다. 사실, 모든 것은 우리가
생각하는 것보다 훨씬 더 풍부하다는 것을 알게 되었죠. 기억에
남는 순간 중 하나는 제가 스스로를 수집가로 인식하게 된
경험이었습니다. 아마 많은 사람들이 그럴 텐데, 우리는 기념품을
상자에 넣어두지만 자주 들여다보지는 않죠. 왜 그렇게 하는지
정확히 알지 못하면서도 말입니다.

그러다 어느 날 그 상자를 열어보게 되었습니다.
그 순간, 여러분도 기억할지 모르겠지만, NBC 시트콤
재방송을 홍보하는 광고가 떠올랐어요.
그 광고에서는 "당신에게는 새로운 것"이라는 문구가
있었죠. 방송을 이전에 본 적이 없다면 재방송이
아니라 당신에게는 새로운 것이라는 의미였어요. 기념품
상자를 보면서 놀라운 것은 그것이 과거로 돌아가는
느낌이 전혀 들지 않았다는 것입니다. 오히려 저에게는
새롭게 다가왔습니다. 시간이 충분히 지나면서 제가
발견한 것이 마치 처음 보는 것처럼 새로워졌던 거죠.

이 경험을 통해, 비슷한 상황들이 얼마나 자주 일어나는지 깨닫게
되었습니다. 예를 들어, 10년 전의 대학원생이 와서 "저에게
말했던 그 아이디어를 기억하시나요?"라고 물을 때가 있습니다.
저는 "아니요, 정말 훌륭한 아이디어네요. 내가 생각한 것이라니
놀랍군요."라고 대답합니다. 그러면 학생들은 제가 말해준
것이라고 말하지만, 저는 여전히 정말 기억나지 않는다고 답합니다.
이처럼 우리는 무언가를 너무 빨리 잊어버리기 때문에, 삶에서
중요한 부분을 차지했던 것들도 시간이 지나면 새로운 것처럼 느껴질
수 있습니다. 이러한 경험은 문화적 보존과도 맞닿아 있습니다.
시간이 흐른 후 몇 년 전 소중했던 것을 다시 보면, 그것이 새롭게
느껴지기도 합니다.

> 그래서 보존, 보전, 복원이라는 단어를 들으면,
> 제 삶을 더 깊이 이해해야 한다는 필요성을 느낍니다.
> 제 개인적인 아이디어를 온전히 이해하지 못하고 있다는
> 생각이 듭니다. 제 일은 아이디어를 모아 무언가를
> 만들어내는 것이지만, 제가 과연 저 자신을 잘 돌보고
> 있는지는 확신이 들지 않습니다. 이 문제를 진지하게
> 고민하고 있으며, 그 과정에서 많은 갈등을 겪고
> 있습니다. 저 자신에게도 편견이 있다는 것을 알고
> 있습니다. 경제학에서는 보존, 보전, 복원에 대해
> 종종 잘못된 이유로 부정적으로 인식하고 있는
> 경우가 많다고 생각합니다. 예를 들어, 1970년대에
> 우리는 곧 화석 연료를 고갈시킬 것이라는 논의가
> 있었습니다.

경제학자들은 보통 고집이 강하지만, 이런 과장된 주장에 직면했을
때는 특히 신중하게 대응했습니다. 그들은 자원이 고갈되기 시작하면
가격이 상승하고, 그로 인해 자연스럽게 보존이 촉진되며 결국
새로운 균형이 형성될 것이라고 믿었습니다. 그들이 옳았는지는

모르겠지만, 1995년까지 화석 연료가 고갈되지 않은 것은 사실이며,
경제학자들은 보존과 보전에 대한 논의에서 점점 멀어졌습니다.

    그러나 우리는 자원의 보존, 혹은 말라가 언급한
    재생의 과정을 이해해야 합니다. 우리가 정말로
    지속 가능한 시스템을 구축하고 있는 걸까요? 아니면
    그저 남은 것들을 축적하고 있는 걸까요? 분명히
    이것들은 하나의 과정입니다. 저는 사회과학의
    여러 부분에 대해 알고 있다고 생각하지만, 이러한
    과정을 완전히 이해하지 못하고 있다는 점을 솔직하게
    인정할 수밖에 없습니다.

한 가지 예로 대규모 소프트웨어 시스템을 생각해 볼 수 있습니다.
마이크로소프트의 윈도나 맥OS 같은 운영체제가 그 예입니다.
만약 여러분이 지금 이 내용을 줌으로 보고 있다면, 그 운영체제가
실행되고 있는 것이죠. 이는 여러 측면에서 매우 인상적인 작업입니다.
왜냐하면 수많은 사람들이 수백만 줄의 코드를 작성하여 쌓아 올린,
마치 벽돌을 쌓아 피라미드를 만드는 것과도 같습니다.
이 거대한 시스템은 탈중앙화된 방식으로 조합되었지만, 이렇게
큰 규모로 구축될 때 필연적으로 "기술적 부채"가 쌓이게 됩니다.
기술적 부채란 나중에 해결해야 할 정리 작업으로, 이는 건물의
유지보수를 미루는 것과 유사합니다. 코드를 깨끗하게 유지해야 하지만,
현실에서는 타협하며 넘어갑니다. 결국 코드의 부채가 쌓여가며,
언젠가는 누군가가 그것을 정리하고 지속 가능하게 만들어야 합니다.
하지만 기술적 부채가 어떻게 축적되는지, 이를 어떻게 방지할 수
있는지에 대해 아무도 명확히 알지 못한 채로 지속적으로 쌓여가고
있습니다. 그로 인해 수십억 달러의 비용이 발생하게 되며, 이는 결국
인간 행동의 문제로 귀결됩니다. Y2K 문제처럼 심각한 결과를
초래할 수도 있습니다. 이런 관점에서 보존, 보전, 복원과 그 비용을
다시 생각해 볼 필요가 있습니다.

**데이비드 퍼겔 N.** 물리학자들이 이해하는 '보존'이라는 개념은 일반적인 의미와 다를 뿐만 아니라, 물리학을 이해하는 데 핵심적인 역할을 합니다. 현대 물리학의 핵심 개념 중 하나인 노터 정리 (Noether's theorem)는 물리적 시스템에 대칭성이 존재할 때, 그에 대응하는 물리적 양이 보존된다는 내용을 담고 있습니다. 이 내용을 익숙한 단어로 표현하면, 우리는 '변형'을 통해 이야기할 수 있습니다. 예를 들어, 물리 법칙이 어느 장소에서나 동일하게 적용되는 것, 즉 변형에 대해 불변한다는 사실은 운동량이 보존된다는 것을 의미합니다. 그리고 시간이 흘러도 물리 법칙이 변하지 않으면 에너지가 보존됩니다. 또한, 우주가 회전에 대해 대칭적일 때 각운동량이 보존됩니다. 이처럼 대칭성은 보존과 깊은 연관성을 보여주며, 이는 현대 물리학에서 매우 중요한 개념입니다. 보존이라는 단어는 우리 분야에서 다양한 방식으로 사용되는 것이죠. 이런 방식도 하나의 '변형'이라고 볼 수 있지 않을까요?

**우발도 비탈리 B.** 무엇을 보존하거나 보전해야 할까요? 예를 들어보겠습니다. 1년 반 전에 저는 7세기에서 9세기 사이에 만들어진 티베트의 금으로 된 물병을 복원해야 했습니다. 이 작업을 어떻게 시작했을까요? 먼저, 저는 방사선 검사와 같은 다양한 과학적 테스트를 진행했습니다. 이 물병은 9세기에 페르시아, 사산 왕조, 중국, 그리고 소그디아나의 영향을 받아 만들어졌습니다. 실크로드를 따라 중국으로 가던 도중에 만들어진 것이죠. 저는 유럽 중심의 교육을

받았기 때문에 먼저 기술 보고서를 꼼꼼히
읽었습니다. 그리고 그다음은 단계는 무엇일까요?
그 시대의 시, 철학, 그리고 당시 사람들의 삶을
상상하고 그 세계에 몰입하는 것입니다. 예를 들어,
물병의 손잡이 근처 상단에 붉은 가루가
있었습니다. 이는 테스트로는 정확히 확인할 수
없었지만, 분명히 비소의 산화물이었습니다.
과학자들은 마시는 물건에 비소를 사용하는 이유를
의아해했지만, 당시 중국에서는 특정 의식에서
와인에 비소를 넣기도 했습니다. 그리스에서도
기원전 400년경 비소가 독이라는 사실을 알았지만,
건강 문제를 해결하는 데 사용했습니다. 결국,
DNA를 재현하고 우주를 보존하는 것도 중요하지만,
수 세기를 거쳐 이어져 온 인간의 표현과 문화를
이해하고 그들의 세계를 체감하려는 노력 또한
필요합니다. 「새들의 회의」(The Conference of the
Birds)라는 시를 읽으면 11세기의 페르시아로
돌아간 듯한 느낌을 받을 수 있습니다. 보존, 보전,
복원에서 중요한 것은 배움에 그치지 않고
그 물건이 속했던 세계로 들어가려는 노력이
필요하다는 것입니다.

**로렌드니스** 제 작품 중 일부는 『오크 플랫』과 같이 토지 보존과 문화 보전에 대한 아이디어와 직접적으로 연결됩니다. 사실 어제 새 책이 나왔는데, 아마도 이 주제와 가장 밀접한 관련이 있는 어린이책일 것입니다.
제목은 『타임캡슐』로, 누가 역사를 기록할 권리를

가지는지, 그리고 우리가 무엇을 기억하고 어떻게 기억하는지에 대한 이야기를 담고 있습니다. 조금 길고 자기만족적으로 느껴질 수도 있는 저자의 노트에서는 "타임캡슐"이라는 용어와 개념의 역사, 그리고 이와 비슷한 다른 프로젝트들, 의도치 않게 타임캡슐이 된 예시들, 예를 들어 폼페이 같은 사례들을 탐구합니다. 저는 제 작업이 디지털 시대에서도 인쇄된 책과 지속적으로 관련성을 유지하려는 노력이라고 생각합니다.

캠벨 맥그래스의 시

마이애미 해변의 폐허에서

1

돌이켜보면 놀라운 것은 도시가 사라진 게 아니라
그 도시가 한때 존재했다는 사실이다.
소금 늪과 날카로운 풀숲 아래에서
땅과 닮은 무언가를 간신히 건져 올린 것처럼,
비록 스며들기 쉬운, 미약한 계획이었지만
맹그로브 모래톱을 얇은 섬으로 고정하려는 계획이었다.
수십 년 동안 골프 코스와 미로 같은 운하,
조명으로 빛나는 웅장한 야자수로 둘러싸인
트로피 같은 집들로 확장된, 바다에서 태어난 큰 꿈은
결국 그 짠 내 나는 품으로 되돌아갔다.
그것이 바로 미래가 우리의 어리석음을 비웃으며 내릴
    평가일 것이다.
정말로 무모하고 우스꽝스러웠다.
악마와 부동산 중개업자, 그리고 짙푸른 바다
    사이의 계약이었다.
이곳이 더 작은 낙원일지도 모르지만,
계절마다 바다가 숨을 멎게 할 만큼
아름다운 순간들이 있다. 차갑지도, 덥지도 않은,
그저 바람과 파도의 따뜻한 온기가
내면의 날씨와 조화를 이루며 맞아떨어지는 그런
    순간들 말이다.

모래 위, 아직 남아있는 온기 속에서
막 어둠이 깃든 그 순간,
유람선들이 지평선의 우윳빛 그림자 속에서
불꽃을 피우고, 해 질 녘 구름은
껍질이 없는 보석처럼 무르익어 간다.

이제 떠날 시간이다. 친구들은
해변 의자를 접고, 와인 마개를 다시 닫지만,
어떻게 떠날 수 있을까. 부자들의 콘도가
그토록 유혹적으로 빛나고 있는데 (비록 초대받지 못했지만)
호텔의 불빛, 착륙하는 비행기의 불빛,
그리고 끝없이 팽창하는 우주의 가장자리로 향하는
별빛들이 구별할 수 없을 정도로 반짝인다.
낙원에서는 그런 구별 자체가 무의미한 걸까?

## 2

우리 집은 삼십 년의 가족 역사가
창틀에 새겨지고, 비에 젖은 포장도로에 새겨져
해수면에서 5.5피트 높이에 자리하고 있다.
5피트면 이곳에선 나쁘지 않은 높이지만,
다가올 시련을 견디기엔 충분치 않다.
되돌아보면 우리의 속임수 없는 상상력의 부족은
        터무니없어 보인다.
우리는 역사와 철학에서 아무것도 배우지
        못한 걸까?
영원함이란 환상에 불과하다는 것을 나는 오래전에
바쇼와 헤라클레이토스, 그리고 아마도 스티브
        밀러에게 배웠다.
시간은 끊임없이 미끄러져 미래로 흘러간다.
그러나 존재의 진리를 자신의 삶에 적용하는 것은
참으로 미끄러운 일이다. 성가시고 직관에
        반하는 일이다.
그래서 우리는 저항하고, 순간에 매달리며,
익숙한 안락함과 지금의 상태를 유지하려 애쓴다.
이것이야말로 가슴 아픈 순진함의 전형이다.
보존한다는 것은
살구나 금속 가공 기술, 유픽(Yu'pik) 춤,
혹은 프레드 햄프턴의 이야기를
인류의 서사 속에 이어가는 일이다. 우리의 지속을
        보장하려면
현재보다 미래를 우선시해야 한다.
2279년에 태어날 사람들의 삶을, 지금 우리가
        누리고 있는 삶보다,

혹은 짊어지거나 허비하고 있는 삶보다
—어떤 동사가 적합하든 간에—더 우선해야 한다.
이 갈등을 가족 드라마로 그려보면 도움이 될지도 모른다.
고손주 vs.
당신의 자동차 크기, 은행 계좌, 칼로리 섭취량.
그러나 여기 있는 것들은 말로 다 표현하기 어려울 정도다.
빙하와 북극곰, 사회 붕괴, 자본주의, 대기, 인류 생존.
모든 것이 달려 있다.

해수면 상승, 기후 변화, 지구 온난화:
더 매력적인 별명이 필요한 문제다.
경쟁자의 호언장담에 견줄 만한 슬로건이.
지진! 산사태! 산불! 화산! 아니,
우리의 재앙은 가장 느긋하다. 격변이라기보다는
자산의 압류, 피할 수 없는 몰수.
우리는 심지어 슬리퍼도 물에 적실 필요가 없다.
바다는 그저 우리의 양동이와 삽, 비치 타월, 해변,
　　　　도시, 해안선,
운 나쁜 한두 곳 정도를 잠시 빌려 가고 싶을 뿐이다.
젊은이들에게는 이것이 자기만족에 빠진 베이비붐 세대가
그들에게 가한 부당함처럼 보일지 모르지만,
나에게는 비극적이면서도 이상하게 피할 수 없는
　　　　일처럼 느껴진다.
해가 갈수록 지구에 대한 걱정과
내 죽음의 그림자를 떼어놓기가 점점 더 어려워진다.
내 우울의 영화를 바다의 스크린에
투영하고 있다. 왜 안 되겠는가?
나와 대서양, 우리는 둘 다 중년이니,

우리는 ZZ Top의 음악을 크게 틀고, 영광의 날들을
찬미해야 한다.
나는 스타벅스가 없던 세상을 기억하고, 대서양은 판게아의
분열을 기억한다.
대륙이 갈라져 퍼즐 조각 같은 난민이 되어
곤드와나 대륙을 그리워하며 흩어져 간 그 시절을.

그것은 잔클린 홍수를 기억한다.
마치 거대한 가려움을 긁는 말처럼
오랜 세월 동안 마찰했던 산등성이가 꺾였을 때,
처음엔 작은 물줄기가,
그러다 점점 더 빠르게 울부짖는 물살이
옆의 분지로 흘러 들어가며 우연히
지중해를 만들어냈다. 그리고 나는 무엇을 기억하는가?
토요일 아침 TV에 나왔던 희미한 광고들.
비타맨 왕, 왕과 함께 아침을 하세요.
비타맨 왕, 곡이 끊임없이 울려 퍼졌다.
어린아이의 뇌 속에서, 장엄한 선포처럼
틀림없이, 그러나 나는 무엇의, 혹은 누구를 위한
왕이었는지 알지 못했다
―시리얼? 비타민? 비타맨?
이제 다시 프로그램으로 돌아갑니다.

어느 순간에도
나는 산업화된 농업이나 탄소 배출, 혹은 남극
빙하의 취약성을
조사해 보라는 격려를 받지 못했다.
어느 순간에도 나는 내가 빠져 있던

소비주의 윤리를 의심할 끈기를 갖지 못했다
—팜올리브? 당신은 푹 빠져 있어요!—어느 순간에도
우리의 미래를 위한 중요한 교훈이 이를테면 잔클라 홍수에
암호화되어 있을지 궁금해하지 않았다. 솔직히 말하자면,
그것과 비교하면 우리의 현재 문제들은
그저 밀물과 썰물에 불과한 것처럼 보인다.

3

우리가 물고기나 인어였다면,
소금물은 우리의 역사에서 중심이 되었겠지만,
우리는 땅에 묶여 있고 바다는 알 수 없는 채로 남아 있다.
헤아릴 수 없어서 돈으로 매수할 수 없고,
돈으로 살 수 없는 것들은 우리를 불안하게 만든다.
바다의 글은 이야기꾼의 작업을 저항하며,
클라이맥스보다 연속성을, 서사적 행위보다
        반복을 선호한다.
기자들은 깊이를 심오함으로 대체하고,
해양학자들은 화학을 낭만으로 착각하며,
역사학자들은 항구와 선적량,
해전, 라틴 돛의 발전으로 만족한다.
바다는 그 자신의 정통성에 너무나 확신에 차 있어서,
고정하기가 어렵다. 이를 물어뜯을 수도,
그 모서리를 맞출 수도 없으며, 톱니바퀴나 지레로
        작동시킬 수도,
갈거나 뚫거나, 채굴하거나, 쪼개거나 망치로 납작하게
        만들 수도 없다.

판게아는 2억 년 전에 갈라졌다.
대서양이 된 땅 사이의 틈은
3억 년 전에 존재했다가 사라진 고대 원시 바다,
이아페투스의 흔적을 따랐다.
지도에서 대양 한가운데의 경계를 추적할 수 있고,
아이슬란드의 대륙을 가로지르는 균열을
        찾아갈 수도 있다.
북아프리카와 노바스코샤의 바위들은

깨진 달걀 껍데기의 조각처럼 서로 맞아떨어진다.
시간이 흘러: 인류가 진화하고, 역사가 시작되고,
사회는 불의를 낳고, 언어는 고유한 이름을 만들어 낸다.
북대서양은 한때 '서쪽 바다'라고 불렸다.
영원한 어둠의 바다, 아틀라스의 바다,
태양의 황금빛 사과와 로열 블루 염료의 바다,
무렉스 트룬쿨루스(Murex trunculus)라는 달팽이가
    모가도르 근처에서 번식하던 바다,
페니키아인들을 헤라클레스의 기둥 너머로 이끌어
바다 너머의 또 다른 바다를 발견하게 했던 그 바다.
마치 제국의 이익에 자극이 필요했던 것처럼.
마치 자줏빛 천이 고귀한 피의 신성함을 증명이라도 하듯.

이상한 일이다. 유대의 메마른 협곡에서 태어난 목수가
어떻게 고통과 구원의 교리와
하늘의 명령에 대한 맹목적인 복종으로
머나먼 바다의 운명을 결정할 수 있었을까.
십자가는 끊임없이 옮겨 다니며,
소금물이 갈라놓았던 것을 피로 하나로 묶어놓았다.
카스티야인과 아스텍족, 네덜란드인과 델라웨어족,
풀라니족과 이보족, 그리고 그들을 태우고 온 거대한 배들은
그들을 기독교의 바다 건너 노예로 실어 나르기 위해 왔다.

만약 여름의 달빛이 치명적인 타격을 가했다면 어땠을까.
콜럼버스가 카나리아 제도에서
사냥꾼이라 불리는 아름답고 젊은 과부, 베아트리스와
풍요로운 물과 안전한 정박지를 훨씬 뛰어넘는 부를 가진
    그녀와 시간을 보내던 중에.

배 좀벌레, 반란, 폭풍우, 혹은 수천 가지 우연 중 하나가
그의 탐욕을 막아섰거나
그의 복음주의적 열정의 잔혹함을 누그러뜨렸다면 어땠을까.

플로리다의 거짓 영웅 후계자, 후안 폰세 데 레온은
콜럼버스의 두 번째 항해에 동행한 뒤,
푸에르토리코에서 그의 주인들을 만족시키기 위해
무자비하게 개종을 거부한 이교도들을 학살하고,
나중에는 개종한 자들까지 죽였다.
사회병적인 폭력의 척도에서 그는
평범한 2급 정복자 수준의 점수를 받았다.
그러나 젊음의 샘을 찾아 나선 그의 여정은
마법적 사실주의에 대한 취향과 무한한
  어리석음을 보여준다.
어쨌든, 그의 중요한 기회는 아무런 성과도 없었다.
칼루사 부족이 독화살로 그를 죽였고
그가 탬파 만에 식민지를 세우기도 전에 끝나버렸다.

정복 영웅들의 역사는 다행히도 죽고 묻혔지만,
그 결과는 여전히 남아있다.
폰세의 무능한 노력에도 불구하고 그는 이름과
  형체를 남겼다.
플로리다에, 당시의 괴물들로 가득한 지도에.
피로 물든 돛천 위에 새겨진 대서양을 건너는 미래의
  덜 허구적인 지도에
유럽 국기들과 대포들이 연이어 등장하고
그리고 마침내 미국화까지.

퀴즈: 유명한 플로리다인을 말해보세요. 누구라도?
작은 하와이는 대통령을 배출했고, 오하이오는
        일곱 명을 낳았지만,
우리는 아직도 단 한 명의 인물도 권력의 궤도로
        보내지 못했다.
과학, 산업, 예술의 전당에도.
조라 닐 허스턴은 앨라배마 출신이고,
우리의 유일하게 주목할 만한 정치인인 오세올라도 그렇다.
어느 주가 공화국의 영광에 이보다 덜 기여했을까?
플로리다에는 뉴욕의 오만함이나 중서부의 겸손함,
'텍사스의 눈' 같은 자부심이 없다. 플로리다는 신화도,
굴복해야 할 기대한 서사도 없으며, 자신을 보호할
        올림포스의 방패도 없어서,
우리 이름을 딴 태양의 빛을 막아주지 않는다.
여전히 플로리다의 넓은 지역에는
아무 일도 일어나지 않는다. 정말 아무 일도.
어부들은 석회로 씻긴 도로에서 하루를 보내고,
부부들은 햇살이나 부드러운 파도에 밀려온
가짜 천사의 날개를 바라보며, 새벽에 해변을 거닌다.
물수리는 은밀하게 은빛 물고기를 빼앗고, 펠리컨들은
뷔페를 덮치며 무질서하게 뒤엉킨다.
샌드위치, 고구마튀김, 싸구려 맥주가 있을 뿐이다.
세틀라이트 해안, 말라바르 해안, 세인트 조 항구,
        마나소타 키.
젊음의 샘이 말라버린 이후로, 이런 모습이
플로리다가 정당하게 유명해진 본질이다.
우연한 고요함, 무심하게 아름다운 나른함.

마이애미와 주의 나머지 지역의 관계는 마치
연못의 거대한 악어, 작은 양들을 노리는 늑대,
부주의한 남편들로 가득 찬 교회 행사에서 스트리퍼와 같다.
옛 다지 시티나 페코스 너머의 영토처럼,
무질서하고, 약탈적이며, 타락하고, 무법적이다.
또한 국적을 벗어났다. 범 카리브해 디아스포라의 거점이자,
고대 타르수스나 중세의 베네치아처럼 자유로운 도시다.
이곳은 늘 그랬듯이 독특한 미국의 피난처였다.
빈곤의 악함에서 벗어나 풍요의 무자비함으로
              탈출하는 장소,
위로, 위로, 위로 스며드는 중력에 저항하는 부유함,
플로리다반도의 기반을 떠받치는
다공성 석회암을 통과해 올라오는 지하수처럼.


마이애미는 또한 진지하고, 감각적이며, 다양하고,
              관용적이다.
자유롭게 돌아다니는, 다언어적이고 다문화적인,
수십 년 동안 미래를 향한 미국 사회의 모델이었다.
그것은 불가피해 보였으나, 지금은 죽을 위험에 처해 있다.
그것은 수수께끼가 아니라 역설이며, 모순이다.
마이애미는 도발적일 정도로 적은 옷을 입고 있다.
그것은 복잡한 감각 입력에는 무심한
해변을 즐기는 아름다운 몸이다.
따뜻한 코코넛 오일, 물 위의 햇빛,
그리고 나이트클럽 DJ와 수입 럼주 광고를 실은

**4**

줄리아 터틀 고가도로의 서쪽 언덕,
해안 수로가 다리 아래를 지나는 곳에서
비스케인 만의 층층이 나뉜 구역들을 넘어 북쪽을 바라보면
파란색과 맑은 녹색의 퀼트 조각 같은
끝없이 늘어선 고층 건물들의 무리가 있다.
가장 가까운 곳에는 펠리컨 보호구역 옆,
            트레저아일랜드에 있는
1970년대 트로피칼리즘의 상징 같은 낮고 넓적한 콘도들,
콘크리트 발코니를 가진 과거 여유로운 할머니의
           창고 같은 공간은
이제 파스텔 색 유니폼을 입은 퍼스널 트레이너와
치위생사가 출퇴근하는 곳이다.
그다음으로 보이는 것은 월스트리트나 카라카스에서 온
           사람들이 소유한
디자이너 브랜드의 해변 궁전들이다.

그리고 더 멀리, 빠진 이처럼 비어 있는 홀오버 비치를 지나,
끔찍한 소련식 거대한 건물들이 늘어선 써니
           아일즈를 지나면,
할런데일과 할리우드의 외곽지까지,
작고 하얀 첨탑들이 점점 작아져서 먼 내륙으로 이어진다.
오늘은 공기가 너무 맑아 포트 로더데일까지
           보일지도 모른다.

내 뒤로는, 서쪽과 남쪽으로, 원시림처럼 우뚝 서 있는
잭파인 건설 크레인들이 끝없이 더 높은
거울처럼 매끄러운 유리로 된 더 높은 벽을 세우고 있다.

아름다움의 한 조각과 회색 자금을 위한 안전한 피난처를
동등하게 원하는 이들을 위해서.
이들이 감탄하러 온 푸른 물결이 품고 있는 위험을 전혀
        인식하지 못한 채.
말하자면 마이애미 비치가 아니라 마이애미 자체,
카람볼라가 떨어지고 주차장에 닭들이 있는 도시,
꿈을 꾸고 속이며 꿈을 파는 도시,
교통과 망각의 도시, 그 여운 속의 도시.

수평선에서 수평선까지 펼쳐진,
제가 어렸을 때 상상했던 미래의 모습과 같은 파노라마,
기술을 우주 시대로 가는 길을 열어줄
단 하나의 칼이라고 생각했던 시대에 대한
디즈니 식 찬사를 보는 것 같은 짜릿한 풍경.
어머니는, 신이 그녀를 축복하길,
깡통 속에서 자란 채소와 TV 저녁 식사가
우리를 우주비행사가 되게 해준다고 믿었다.
아마도 알루미늄 포일이 그녀의 상식을 흐렸을 것이다.
바다가 나를 삼켜버리더라도 나는 여전히
버섯 그레이비소스를 곁들인 솔즈베리 스테이크의 맛을
        기억할 것이다.
그 맛은 내 마음속 냉동고 깊숙한 곳에,
헝그리맨 파이와 함께 고이 남아 있다.

플라톤이 알다시피, 기억은 스완슨의 그 끈적한 음식에
        들어간 독소들
(예: 부틸화 하이드록시 톨루엔)보다 더 나은 보존제다.
그러나 우리 배의 머리에 설 인물로는

기억의 여신 므네모시네일까, 아니면 판도라일까?
미래는 우리를 기술 전문가로 볼까,
아니면 돈의 속임수에 속아 넘어간 멍청이들로 볼까?
이제 우리는 행동하지 않는 것의 대가를 알게 되었으니,
우리는 정의롭게 행동할 것인가, 아니면 복종할 것인가?
우리는 바다코끼리, 미크로네시아, 또는 마이애미
    비치를 구할 것인가?
창조적 파괴를 받아들이는 것이 더 나은 선택일까?
재에서의 재생, 들판을 짓밟아 내년의 블루스템과 파스크
    꽃을 위해
새로운 땅을 여는 들소처럼 말이다.
우리가 할 수 있다면, 들소 공동체를 다시 채울까?
고대 매머드의 화석에서 추출한 DNA로
그 위대한 물들을 멸종에서 되돌릴 수
    있을지도 모르지만,
그들을 지금의 이 변해버린 세상에 풀어놓는 것이
그것은 복원의 행위일까 아니면 혁신의 행위일까?
우리는 그 거대 동물들에게 기대하는 것은 무엇일까?
용서인가? 돌아갈 순수의 상태는 없다.
모든 피라미드는 고통과 노동 위에 세워진다.
미래는 아가서처럼 열망으로 가득 찬 찬가일 수도 있지만,
우리가 과거와 맞닥뜨리며 교류할 때조차
그것을 다시 상상하고, 재구성하며,
놋쇠 램프를 신성한 진리로 닦아내는 것이다.
우리가 소중히 여기거나 과소평가한 것 기념하며,
반갑지 않은 사실들을 망각의 감옥으로 추방한다.
어떤 현대적 경이로움이나 잔해들이 어떻게 남을까?
구석기 시대 도끼? 암호 화폐 지갑?

복수 포르노? 아니면 "리얼 하우스와이프"처럼?
문화 인류학자들이 녹는 영구 동토층에 의해
이주한 유픽 마을을 기록하려 했을 때,
그들은 바다코끼리 상아와 의식용 구슬 공예품을
도리토스와 아이리시 스프링 비누 상자들과 함께
목록에 올렸다.
왜냐하면 그것들 모두 그 장소와 시간의
유물들이었기 때문이다.
전통적인 물건들보다 현대의 쓰레기를 우위에 둘
일관성 있는 방법은 없었다.
문화적 가치는 상대적이며, 변화는 불가피하다.
영구성은 영구동토층만큼이나 환상에 불과하다.

## 5

모든 사라짐이 충격적이거나 신비롭거나
설명되지 않는 것은 아니다. 폼페이와는 달리, 우리는
      경고를 받았고,
노아와는 달리, 우리는 징조를 무시하기로 선택했다.
태양을 숭배하는 행복한 이교도처럼, 우리는
      그렇게 정죄당했다.
마이애미는 아틀란티스가 아니다. 그것은 어설프고
      고통스럽게 사라질 것이다.
망가진 하수 시스템, 부식된 전기 그리드.
말라리아와 해적이 들끓는, 매력 없는 베네치아로 변한 거리.
플로리다는 물에 잠길 것이다.
다공성 석회암은 바닷물이 상승하는 시대를 견딜 수
      없기 때문이다.
마이애미는 사라질 것이다.
편안한 사치의 시대가 끝나가고 있기 때문이다.

석유의 시대는 끝날 것이고, 플라스틱 소용돌이의 시대,
착취와 전유의 시대,
사람의 가치가 달러로 매겨지는 시대,
부정의 시대는 끝나겠지만, 인간의 어리석음의 시대는
      끝나지 않을 것이다.
도시가 세워지는 만큼 그것은 반드시 버려질 것이다.
사라짐은 우리가 태어나면서부터 연습해 온 행위이다.
우리는 익숙한 얼굴들에 둘러싸여 늙어가거나
그들이 "더 빌리지스"로 이주하면 낯선 이들 사이에서
      나이를 먹는다.
하지만 바다가 이웃이라면 절대 외롭지 않을 것이다.

바다는 언제나 설탕 한 컵을 빌리러 들르고,
아이들 이야기를 나누며, 폭풍해일로 차고를 물에
              잠기게 한다.
마이애미 비치는 바다에서 물에 젖은 채 솟아올랐고,
              장소가 아니라
겹겹이 쌓인 흔적, 해안선의 발자국들로 이어진
              한 세기였다.
우리는 처음부터 폐허 속에서 살아오고 있었다.

물론, 도시를 세운다는 건 아무 의미도 없다,
바다에 이름을 붙이고, 이름표를 달고, 지도를 그리고,
나누고 정복하고 식민지화하는 일은,
마치 모든 물이 지구를 둘러싸는 오케아노스의 일부가
              아닌 것처럼,
경계가 없고, 세례받을 수 없으며, 극지방을 둘고,
              나눌 수 없는 것처럼.
물론, 대서양의 영역을 구분하는 것도 아무 의미 없다,
이니스트라헐에서 카리아쿠까지, 고메라에서
              성 브렌단의 섬까지,
이슬라모라다에서 미트 코브까지 갔다가 다시
              돌아오는 일도.
물론, 나에게는 아무 의미가 없으면서도 모든
              의미가 있다.

여기가 내 만남의 지점, 나의 외투와 지팡이,
              나의 치유처.
나는 내 삶의 꿈에서 깨어나
과감한 행동으로 사람들을 놀라게 하려고 했으나

아침이 되자 하늘은 잉크처럼 짙푸르고
개는 산책을 원했고 계란 냄새가 너무 좋았다,
그 자리에서 앉아 먹지 않을 수 없었다.

그렇게 시간이 흘러가고, 둑을 따라 모래주머니를 쌓으며,
세월의 숲에서 나무들을 베어내며,
무릎 꿇고 일상의 혼돈의 신에게
모든 것을 바칠 수 있는 만큼 바치며.

5시, 아니면 그쯤.
내 할 일은 끝났다.
이제 해변으로 산책하고 수영할 시간.

**스탠리, 아직 잘 알려지지 않았거나 잘못 전달된 이야기를 다루고 있다고 하셨죠. 그렇다면 작업에서 보존, 보전, 복원이라는 개념을 의식적으로 작업에 활용하시나요? 이 개념들을 어떻게 작업에 적용할 수 있을까요?**

스 넬
탠 슨
리

사실 작업할 때 보존, 보전, 복원에 대해 깊이 생각해 본 적은 없습니다. 저희는 주로 중요한 이야기를 전달하는 데 중점을 두죠. 특히 인터뷰하는 분 중 많은 분이 고령인 경우가 많습니다. 제 아내는 저희의 인터뷰 작업을 "죽음의 입맞춤"이라고 부르는데, 많은 분들이 영화가 완성되기 전에 세상을 떠나시곤 합니다. 그런 의미에서 그들의 이야기를 보존하고 있다고 말할 수 있겠지만, 작업 중에는 보존의 개념을 의식적으로 염두에 두지는 않습니다.

하지만 만약 이 일이 보존과 보전의 행위라고 한다면, 우리의 방식에 문제가 있을 수도 있습니다. 왜냐하면 누군가와 2~3시간 동안 인터뷰한 후, 영화에서는 그중 5분 정도만 사용되기 때문이죠. 나머지 99%의 인터뷰 내용은 대중에게 공개되지 않고 그대로 사라져 버립니다. 점점 이런 자료들을 공개하려고 노력하고 있지만, 대부분은 그렇게 되지 않습니다. 결국 그 사람의 전체 이야기가 아닌, 영화 속 작은 클립으로 그들의 인격이 요약되어 버리는 셈이죠. 그렇지만 큰 틀에서 보면, 우리는 여전히 이야기를 보존하고 있다고 할 수 있습니다. 예를 들어, 영화 「블랙 팬서」에서는 블랙 팬서의 이야기를 아주 독특한 방식으로 보존했습니다. 프레드 햄튼의 이야기도 다른 영화나 방식으로 다뤄질 수 있었겠지만, 우리만의 방식으로 전했습니다.

그래서 보존, 보전, 복원에 대해 깊이 생각하지는 않지만, 어느 정도는 우리가 그런 일을 하고 있는 것 같습니다. 다만 영화를 만들 때 이야기 자체를

보존하는 것이 목표는 아닙니다. 저희는 보존가로
활동한다고 생각하지 않고, 사람들이 자신의 이야기를
들려주도록 하는 데 초점을 맞추고 있습니다.
보존과 보전은 그 과정에서 자연스럽게 따라오는
부차적인 문제일 뿐입니다.

**대** S.  처음에 보존, 보전, 복원이라는 단어들이
**니**     언급되었을 때, 저는 사람보다는
**바**     야생동물이 먼저 떠올랐습니다. 다른 종의
**셋**     생명을 보호하려는 인간의 노력과
          연결되기 때문입니다. 자연스럽게 녹지,
흙냄새, 그리고 다른 생명체를 돌보는 인간의
모습을 연상하게 되었습니다. 이러한 연상은 제 삶의
두 가지 중요한 장소와 연결되어 있습니다.
첫 번째는 어린 시절의 경험입니다. 저는 할머니와 함께 펜실베이니아주
필라델피아 외곽에 있는 밸리 포지 국립 역사 공원에서 자주
하이킹을 했습니다. 그 공원에는 하이킹 코스 중간에 나비로 가득 찬
아름다운 초원이 있었고, 그곳에 갈 때마다 나비들이 그곳에서
자유롭게 살며 행복하게 머무는 모습을 지켜보곤 했습니다. 이 경험이
어린 시절 제가 자연과 맺은 첫 번째 연결고리였습니다.

두 번째 기억은 성인이 된 후 캘리포니아주 샌타바바라의
절벽을 따라 걷던 기억입니다. 교수직을 맡기 전
박사 후 연구를 하던 때였죠. 그곳에는 엘우드 메사
(Elwood Mesa)라는 230에이커에 달하는 넓은
공간과 약 10마일에 이르는 산책로가 있었습니다.
그 산책로에는 고레타 나비 보호구역이 있어
매년 11월에서 2월 사이에 10만 마리 이상의 왕나비가
이주해 머물렀습니다. 메사 북쪽의 78에이커에

달하는 지역에 나비들이 서식했는데, 이 넓은
메사가 왕나비들에게 몇 달간 쉬어 갈 안식처를
제공한다는 사실이 정말 인상 깊었습니다.

저에게도 보존, 보전, 복원이라는 세 단어는 언제나 살아있는 무언가와 연결되어 있었습니다. 방금 스탠리가 말한 것과도 많은 관련이 있다고 생각합니다. 사실 이번 대담에 초대받기 전까지는 제 연구를 보존이나 복원의 관점에서 깊이 생각해 본 적이 없었는데, 이번 기회를 통해 제 연구와 이 개념들이 흥미롭게 교차하고 있다는 사실을 깨닫게 되었습니다.

특히 제가 연구하는 주요 복잡한 시스템 중 하나는
과학 자체입니다. 저는 과학자들이 어떻게 정보를
공유하고 상호작용을 하는지, 그리고 발견의 과정을
지원하기 위해 어떻게 연구 결과를 공유하는지에
대해 연구합니다. 이를 통해 과학의 이야기가 어떻게
보존되는지, 혹은 왜곡되는지, 그리고 원래의 과학
이야기를 어떻게 복원할 수 있을지에 관심이 많습니다.
그래서 과학이 이야기되고 받아들여지며
참여되는 방식에서 편견을 발견하고 이를 완화하기
위해 노력한다는 점에서 제 작업을 보존과 복원
작업이라고 생각합니다.

이러한 편견은 여성, 성 소수자, 소외된 인종이나 민족 출신의 사람들이 과학 이야기에서 체계적으로 배제되는 결과를 초래합니다. 따라서 모든 과학자의 발견이 공평하게 공유되고, 모두가 참여할 수 있도록 편향을 완화하는 것이 바로 보존이라고 할 수 있습니다. 복원은 이러한 편향된 역사적 구조 속에서 잃어버린 이야기나 발견을 다시 찾아내는 과정입니다. 현재 제 연구에서 이러한 보존과 복원의 개념이 중요한 역할을 하고 있습니다.

**에밀리** 제가 보존, 보전, 복원이라는 용어에 의구심을 느끼는 이유는 이 용어들이 18세기와 19세기의 특정한 특권층, 특히 백인 유럽 남성들과 밀접하게 연관되어 있다고 생각하기 때문입니다. 그들은 "우리가 고대의 의미를 결정하고, 우리가 고대 유산을 보존하며, 모든 고전적/서양적 의미의 백인 전통은 우리의 것"이라는 주장을 했습니다. 또한, '고전'이라는 용어 자체가 계급적인 학문을 의미할 수 있고, 일종의 우월감을 내포하고 있다고 봅니다. 과거에는 고대 유산을 보존하고 유지하는 것이 그들의 역할처럼 여겨졌습니다. 이는 특정한 사람들만이 이 고대 텍스트들을 해석하고, 재발명하며, 읽고, 번역할 수 있다는 생각을 바탕으로 하고 있습니다.

이 전통은 소수의 특권층에게만 열려 있었습니다. 물론 이는 학문적 문제, 해석의 문제, 번역의 문제로도 이어집니다. 제가 이 용어들에 대해 논의하는 것을 망설였던 이유 중 하나는, 고전학이나 번역학에서 보존이라는 개념이 사실은 역동적인 변화와 연결되어 있다는 점을 설명하기 어렵기 때문입니다. 보존은 선택과 가치 판단이 수반됩니다. 우리는 어느 시점에서, 어떤 역사적 순간을 보존할지 선택해야 하며, 이는 고대 텍스트를 해석하고 번역하며 반응하고 재발명하는 방식에 매우 큰 영향을 미칩니다.

**피터** 방금 하신 말씀에 깊이 공감합니다. 이 주제는 나중에 더 깊이 다뤄도 좋을 것 같습니다. 제가 처음 보존, 보전, 복원이라는 개념들을 떠올렸을 때 가장 먼저 생각난 것은 피클이었습니다. 사실 저는 피클을 좋아하기도 하지만,

11세기 스페인 중세 히브리 시를 번역하면서
절임과 보존 사이의 차이에 대해 흥미를 느꼈습니다.
강연이나 낭독을 할 때도 종종 피클과 보존을
비교하곤 합니다. 어떤 작품을 번역할 때 번역을
중단한 채로 "이게 바로 그 표본입니다. 우리는
이걸 병에 담아 오랫동안 보존할 것입니다. 이것이
영어로 번역된 언어적 등가물입니다"라고 말하고
싶지 않았습니다. 피클은 좋아하지만, 그런 식의 보존은
마치 생명을 멈추게 하는 것처럼 느껴졌습니다.
저는 번역이 어떤 식으로든 변화를 수반해야 한다고
생각했습니다. 보존가가 대상을 다루며 그 과정에서
일어나는 변화가 번역의 일부로, 즉 새로운 시간과 장소,
새로운 언어로 이동하는 과정에 자연스럽게
포함되기를 바랐습니다.

처음에는 절임에 대해 부정적으로 생각했지만, 곧 생명과 변화를
유지하는 보존의 개념, 즉 일종의 해독제 같은 역할을 떠올리게
되었습니다. 실제로 생명은 변화의 가능성으로 정의될 수 있습니다.
좀 더 일반적인 관점에서 보면, 환경이 위기에 처한 상황에서
보존이라는 개념이 점점 더 중요한 주제로 떠오르는 것 같습니다.
보존은 저에게 스스로를 돌아보게 하는 개념이기도 합니다.
나이가 들수록 새로운 반응을 유지하고, 신선하게 반응하는 능력을
보존하는 것이 점점 더 어려워진다고 느끼는데, 이것이 바로
'피클'이 되지 않기 위한 과정이라고 생각합니다. 기억의 관점에서도
스스로를 보존하는 것에 대해 많은 생각을 하게 됩니다.

복원이라는 개념은 처음에는 유적이나 역사 같은
물리적 대상이 떠오르지만, 그 안에는 훨씬 복잡한
의미가 내포되어 있습니다. 특히 오래된 작품을
번역할 때 손상된 부분을 어떻게 다뤄야 할지 고민하게

되죠. 그 빈틈을 채워야 할까요? 이 문제는 더 깊이
논의할 수 있겠지만, 지금 떠오르는 건 시편 23편의 구절,
"그가 내 영혼을 소생시키시며"입니다. 이 구절을
떠올리면서, 복원이 단순히 물리적인 것에 국한되지
않고, 일종의 초월적이거나 비물리적인 범주로
확장될 수 있다는 생각이 들었습니다.

저는 카발라(Kabbalah)와 관련된 주제를 많이 다룹니다. 카발라에서
창조의 고전적인 패러다임 중 하나는 신성한 수축 개념, 즉 무언가가
존재할 수 있는 공간을 만들기 위해 신성한 힘이 수축한다는 것입니다.
이 부정적 공간에 처음 어떤 힘이 보내졌을 때, 그 시도가 온전히
이루어지지 못하여 불협화음이 발생하고, 공간이 그 힘을 감당하지 못해
실패나 파손이 발생합니다. 이후 사람들에게 주어진 임무는 깨진
조각들을 모아 복원하고 회복하며, 이를 통해 원래의 시도나 표현을
새로운 형태로 재구성하는 것입니다. 이런 관점에서 보면, 복원은
단순한 물리적 수리 이상의 의미를 지니며, 더 높은 차원으로 승화하는
것이라고 할 수 있습니다.

**피터, 카발라와 복원을 인간의 관점에서 보면, 그것이 마치 인간의 행동을
통해 파괴된 신성한 창조의 조각들을 다시 맞추는 과정과 비슷하다는
생각이 듭니다. 그렇다면, 카발라의 구조를 우리가 이야기하고 있는 보존,
보전, 복원이라는 용어로도 충분히 설명할 수 있다고 보시나요?
아니면, 카발라가 그 자체로 보존, 보전, 복원의 개념으로 이해될 수
있다고 생각하시는 건가요?**

**피 콜**   저의 경우, 점점 더 학습과 창작 모델이
**터**     카발라의 구조와 일치한다고 느끼고 있습니다.
        사실 이번 봄 학기에도 현대 유대인 시인에
관한 수업을 진행했는데, 18명의 학생과 함께 굉장히

열정적인 시간을 보냈습니다. 수업이 끝난 후 무엇이 가장 기억에 남았는지 물었을 때, 몇몇 학생들은 파울 첼란(Paul Celan)이나 유대 신비주의와 같은 작품을 읽는 경험이 깊은 인상을 남겼다고 하더군요. 그래서 제가 "한 번에 모든 것을 이해하려고 하지 마세요. 시간이 걸리겠지만, 그만한 가치가 있을 거예요."라고 말해주었죠. 젊었을 때 시인이자 창작자로서 본능적으로 반응했던 이 패러다임이 시간이 흐르면서 점점 더 깊은 구조로 다가온다고 느낍니다. 신앙 그 자체와는 무관하게, 다양한 분야에 걸쳐 작동하는 하나의 구조라고 볼 수 있습니다.

**유적과 존재의 건축에 관해 이야기할 때, 이는 보존, 보전, 복원을 더 넓은 관점에서 바라보는 것처럼 느껴집니다. 유적을 묘사하는 문학이나 예술에서는 그리움, 우울, 갈망, 결핍 같은 감정들이 담기곤 합니다. 그렇다면 복원이라는 개념을 이런 정서적인 영역으로 확장할 수 있을까요? 이런 감정을 다루는 작업이 보존, 보전, 복원에 어떻게 기여할 수 있을까요? 각자의 작업에서 정서적 울림을 통해 이 개념들을 새로운 방식으로 접근할 수 있을까요?**

**피 콜** 이 주제에 대해 조금 더 이야기할 수 있을까요?

**터** 제가 연구하는 무슬림 스페인의 히브리어 시는 아랍 시학의 영향을 받은 하이브리드 시입니다. 이 시는 성경 히브리어, 중세 히브리어, 아랍 시학, 그리고 아랍과 그리스-아랍 철학이 혼합된 형태입니다. 그 중심에는 중세부터 현대까지 이어지는 "시는 아랍인의 디완(diwan)이다"라는 아랍 문학의 모토가 있습니다. '디완'은 아랍어로 여러 의미를 내포하고 있는 단어인데, 흔히 "시는 아랍인의 아카이브, 즉 문화적 가치를 담은 보고"로 해석됩니다. 현대 미국 문화에서 시의 위치를 고려할 때, 이 생각은 매우 중요한 의미가 있고, 시인이 어려운 시기를 견디는 데 큰 힘이 될 수 있습니다. 하지만 동시에, 스탠리가 촬영한 것의 95%를 버린다고 말했던 것처럼, 실제로 우리는 무엇을 보존하고 있는 걸까 의문이 생깁니다. 저는 번역을 할 때, 특히 오래된 작품이나 역사적 배경을 바탕으로 시를 쓸 때 아주 작은 부분만 선택하여 많은 것을 표현하려고 합니다. 그 선택이 결국 생명력 있는 부분을 보존하여 더 오랫동안 살아남도록 하는 것입니다. 이 과정이 카발라의 건축 구조와도 연결된다고 생각합니다.

**이 질문을 캠벨에게도 드리고 싶습니다. 시는 보존을 염두에 둔 사람들의 디완일까요? 시는 보존을 생각하는 하나의 방식일까요?**

캠벨 맥그래스 정말 좋은 질문이네요. 사실 답을 찾아야 할 것 같습니다. 이런 아이디어들을 어떻게 구현할 수 있을지 고민하고 있습니다. 추상적인 아이디어를 어떻게 구체화할 수 있을지 고민해 본 적이 있는데, 그건 바로 '이미지'를 통해서입니다. 예를 들어, 우리는 전쟁이 끔찍하며 푸틴이 독재자라고 말할 수 있지만, 잔해 속에서 죽은 아이의 사진은 그 어떤 말보다 강력한 울림을 줍니다.
우리는 언어나 시각 예술을 통해 추상적인 개념과 거대한 아이디어를 이미지에 담을 수 있습니다. 제가 보존적인 방식으로 시를 쓸 수 있을지는 잘 모르겠습니다. 하지만 최근 해수면 상승에 대해 글을 쓰면서, 제가 평생 살아왔고 계속 살고 싶은 장소들이 사라져 가는 과정을 다루고 있습니다. 답은 아직 모르지만, 이 과정에 참여하고 창작하는 과정에서 답을 찾을 수 있을 것 같습니다. 모든 답은 과정에서 드러나는 법이니까요. 예술적 결과는 미리 생각만으로는 얻을 수 없고, 직접 뛰어들어 창작하고 어떤 일이 일어나는지 지켜봐야 알 수 있습니다.

**보존은 다른 대화나 관습 속에 숨어 있는 경우가 많습니다. 이제 보존을 발견하는 아이디어에 대한 논의를 계속해 보겠습니다. 센딜의 책[『결핍의 경제학』]을 읽으면서, '희소성'을 보존의 관점에서 바라볼 수 있다는 생각이 들었습니다. 마치 모든 문화에서 유적에 관해 이야기하는 것과 비슷할 것 같아요. 그것이 비록 남아 있는 잔해일지라도 여전히 어떤 형태로든 보존된 것에 대한 이야기입니다. 희소성의 관점에서 본다는 것은 우리가 압박을 받을 때 무엇을 보존하기로 선택했는지를 살펴보는 것과 같습니다. 이는 보존에 관해 이야기하는 또 다른 방식일 수 있을 것 같습니다.**

**센딜 멀레이너선** 제 추측이긴 하지만, 우리가 보존하려는 것들은 대부분 우리에게 감정을 불러일으키는 것들인 것 같습니다. 보존되지 않은 곳에서는 폐허나 문제가 드러나곤 하죠. 어쩌면 보존이라는 개념이 충분히 적용되지 않는 것일지도 모릅니다.

하지만 폐허를 마주할 때, 오히려 우리가 정말로 보존하고 싶은 것이 무엇인지 깨닫게 될지도 모릅니다. 이런 맥락에서 보존이라는 단어는 더 긍정적인 의미를 가질 수 있을 것 같아요.

이를 잘 보여주는 사례 중 하나가 언어입니다. 특정 언어의 마지막 사용자가 세상을 떠난다는 소식을 들으면 누구나 깊은 슬픔을 느낍니다.

언어의 소멸은 단순히 그 언어 자체의 상실이 아니라, 언어를 사용하는 마지막 사람이 느끼는 고독과 외로움이기 때문입니다. 언어를 마지막으로 사용하면서 죽음을 맞이하는 사람의 모습이 바로 폐허의 한 단면이라고 생각합니다.

**제 깁** 조금 전 말씀하셨던 내용이 흥미롭습니다.
**프 슨** 저도 언어에 대해 생각해 봤습니다.
**리** 원주민 커뮤니티 내에서 언어의 재생과 글쓰기가 활발하게 이루어지고 있기 때문입니다. 우리가 행동하기로 할 때, 저는 보존과 보전에 대한 두려움을 느낍니다. 즉 그것이 마지막이 될지도 모른다는 걱정이나, 그로 인해 우리에게 부정적인 영향이 미칠 것이라는 두려움, 혹은 우리의 편안함이나 안전이 위협받을 수 있다는 두려움이 있습니다. 이러한 두려움이 우리를 행동하게 만듭니다.

또 하나 떠오르는 것은 이런 요소들이 우리가 시간을 경험하는 방식을 어떻게 바꾸는지에 대한 것입니다. 샌딜이 언급한 '기술적 부채'처럼, 우리는 서둘러 시스템을 만들어내려다 보니 신중하고 의도적으로 구축하지 못하게 되고, 그 결과 기술적 부채나 다른 형태의 누적이 발생합니다.

이는 현대인의 삶, 미디어, 자본 등 여러 측면과 연관되어 있습니다. 보존과 보전을 생각해 보면, 문화적 내러티브를 보존하려는 의도 자체는 긍정적일 수 있습니다. 그러나 그 과정이 오히려 문화적 생존을 방해할 수 있습니다. 이 대화를 나누며, 이런 모든 것이 결국 두려움과 관련되어 있다는 생각이 들었습니다. 즉, 우리는 두려움을 어떻게 경험하고, 그것에 어떻게 대응하는가에 관한 문제로 귀결됩니다.

**우리가 '늦게' 행동한다면, 이미 두려움과 슬픔을 품고 있다는 의미일 수 있습니다. 그렇다면 보존을 더 긍정적인 실천의 일부로 여길 방법은 없을까요? 우리는 대개 가능한 한 적게 개입하는 것이 최선의 보존이라고 생각하지만, 어쩌면 보존이란 능동적인 행동을 요구하는 것일지도 모릅니다.**

**말라피박** 저는 보존을 매우 의도적으로 실천하려고 노력합니다. 몇 년 전, 앞마당의 잔디밭을 태우고 초원을 심은 날은 제 인생에서 가장 기억에 남는 순간 중 하나였어요. 미네소타 지역의 자생 초원 식물들을 모두 심었죠. 이 지역의 일부 구역에는 풀이 없지만, 초원 지대에는 풀이 무성합니다. 그런데 동네 사람들은 제 집 앞에 있는 풀들을 잡초로 생각했고, 시에서 과태료 처분을 받기도 했습니다. 방금 두려움에 관해 말씀하신 것처럼, 사람들이 왜 이것을 두려워하는 걸까요? 저에게는 정말 멋진 공간이지만, 사람들에게는 통제되지 않은 곳처럼 보였던 것 같아요.
이것이 바로 제가 생각하는 보존입니다. 이 작은 앞마당에는 수많은 동물, 벌, 새들이 살고 있고, 뿌리 시스템은 토양을 보존하며, 빗물이 흐르지 않고 정화되며, 탄소 격리까지 이루어집니다. 저는 이 모든 것을 그대로 받아들이고, 적극적으로 실천하고 있습니다.

**센딜이너선** 말라, 하나 여쭤봐도 될까요? 어리석은 질문일 수 있지만, 궁금한 점이 있어서요. 시카고 근처에서 초원을 복원하려는 작은 장소에 방문해 원래 초원이 어떤 모습이었는지 볼 수 있었는데, 안내판에서 초원을 보존하는 것이 굉장히 어렵다는 내용을 읽었습니다.

실제로 초원을 보존하려면 번개로 인한 자연 발화 같은 파괴의 과정이 필요하다고 하더군요. 즉, 보존을 위해 파괴가 필수적이라는 이야기였는데, 이 부분에 대해 많이 생각해 보셨을 것 같아요. 조금 말씀해 주실 수 있을까요?

**말 스**  사실 파괴는 불이나 물소에 의해 발생합니다.
**라 피**  저는 달리기를 좋아해서 이른 봄이면 물소인 척
   **박**  앞마당을 뛰어다녀요. 마당을 밟고 다니면서 뛰어다니는 거예요. 보존에는 파괴가 필요하고, 그 과정을 받아들여야 하죠. 초원을 조성할 때 우리는 그 형태나 구조를 완전히 통제할 수 없어요. 초원은 저절로 생명력과 구조를 가지게 되죠. 저는 이렇게 자연스러운 혼돈이 정말 흥미롭고 즐겁습니다.

**센 멀**  경제학자 조지프 슘페터(Joseph Schumpeter)
**딜 레**  가 남긴 구절 중 제가 정말 좋아하는 것이
  **이**  있습니다. 경제학자들이 멋진 문구를 만드는
  **너**  것으로 유명하지는 않지만, 저는 이 말을
  **선**  정말 좋아합니다. 만약 보존, 보전, 복원에 이어 네 번째 요소를 추가한다면, 저는 그것을 "창조적 파괴"라고 부를 것입니다. 이 개념은 슘페터가 만들어낸 것으로, 실제로 경제에 있어서 어느 정도의 불황은 나쁘고 큰 피해를 주지만, 창조를 위해서는 어느 정도의 파괴가 필요하다는 사실을 강조했습니다. 예를 들어, 경기 침체로 인해 몇몇 레스토랑이 문을 닫는 것은 슬픈 일이지만, 새로운 아이디어를 가진 다음 세대의 레스토랑을 위해 비어 있는 공간이 생기고 임대료가 낮아지는 것은 긍정적인 측면이죠. 슘페터의

창조적 파괴에 대한 아이디어는 그 강력함 때문에
항상 제 마음에 남아 있습니다.

**제 길** 페인팅도 마찬가지입니다. 때로는 페인팅을
**프 슨** 진전시키는 유일한 방법은 문제를 만들어내는
**리** 것입니다. 작품이 실제로 정체성을 형성하는
유일한 방법이기도 합니다. 문제들이
다양해질수록 그에 대한 반응도 다양해지며, 그 과정에서
작품은 정체성을 찾아갑니다. 저는 이 과정을 처음부터
끝까지 이렇게 설명합니다. 만약 작품이 너무 일찍
정리된 느낌이 들고, 제가 편안함에 안주하고 있다는 걸
깨달았을 때, 일부러 새로운 상황을 만들어내어 그에
반응하는 것이 중요하다고 생각합니다. 이는 일종의
의도적인 혼란을 만들어내는 것과 같습니다.
그 혼란 속에서 색상과 형식적 특성을 탐구하는 과정이
작품을 완성해 가는 과정입니다.

**무엇을 보존하고 어떻게 보존할지에 대한 논쟁은 종종 가치에
대한 논의로 이어지곤 합니다. 예를 들어, 말라의 앞마당이나
통제되지 않은 상태로 재현된 초원처럼, 이러한 문제는 상대적이며
논쟁의 여지가 많습니다. 여러분은 이러한 가치의 문제를
어떻게 생각하시나요?**

**캠 맥** 제프리가 하는 일이나 제가 하는 일, 즉 예술
**벨 그** 창작의 가치는 무엇일까요? 정말 복잡한
**래** 문제입니다. 논란의 여지도 있고, 쉽게 답하기
**스** 어려운 주제입니다. 우주에 존재하는
벌들에게는 객관적인 가치가 있는 것처럼

보이고, 우리는 그 가치를 지키기 위해 노력합니다. 개인적으로 저는 예술이 매우 중요하다고 생각하지만, 만약 선택해야 한다면, 예술보다는 벌이 사라지지 않는 쪽을 택할 것 같아요.

**제프리슨** 90년대에 필드 박물관에서 일하던 시절, 기억에 남는 경험이 하나 있습니다. 당시 알래스카 유픽(Yupik) 컬렉션이 박물관에 들어왔는데, 이 컬렉션에는 축하 의식에서 주고받은 선물들이 포함되어 있었습니다. 흥미롭게도 그 선물들은 스코알 담배, 후퍼스, 도리토스, 다이어트 펩시, 기저귀, 아이리시 스프링 비누 등 시카고의 동네 약국에서 쉽게 구할 수 있는 물건들이었어요. 고고학자들은 이 물건들을 소매가보다 더 많은 돈을 지불하고 필드 박물관으로 가져왔고, 박물관 내부에서는 쉽게 구할 수 있는 물건을 왜 많은 돈을 지불하고 수집해야 하는지, 또 수집한 다이어트 펩시 캔이 일반 다이어트 펩시 캔과 무엇이 다른지 궁금해했습니다.

그 경험은 저에게 매우 흥미로웠습니다. '문화적 가치'라는 추상적인 개념을 처음으로 명확하게 경험한 순간이었거든요. 모든 물건은 보존되고 보전되어야 했습니다. 그래서 펩시의 내용물은 버리고, 나머지 물건은 벌레가 생기지 않도록 처리한 후 냉동하여 수장고에 보관했습니다. 이렇게 인류학, 고고학, 수집의 전통적 의미를 살려 프로젝트를 진행했습니다. 그리고 이 물건들이 한 번도 전시된 적이 없다는 사실을 알았을 때, 놀라지 않았습니다. 전시에 포함된 적도 없고, 우리가 그것들을 빌릴 수 있을지도 전혀 논의되지 않았기 때문입니다.

이 경험은 저에게 큰 깨달음을 주었습니다. 30년 동안 현대 문화를 현대적 방식으로 어떻게 표현할 수

있을지 늘 고민해 왔는데, 이 에피소드는 그 질문에
대한 답이기도 했죠. 하지만 우리가 이러한 문화를 보거나
표현하고자 하는 방식과는 맞지 않는 것 같았습니다.
저는 가치가 어디에 존재하는지, 어디에 존재하지 않는지
끊임없이 고민합니다. 많은 경우, 원주민 문화의
물질적 유산은 여전히 1900년대의 개척자 환상을
반영하고 있습니다. 물론 그보다 더 오래된 시기로
거슬러 올라가기도 합니다. 경매에서 높은 가격에 팔리는
물건들은 대부분 20세기에 생산된 것이 아닙니다.
여기서 제가 얻은 교훈은 무엇일까요? 저는 가치의 미래와
우리가 그 가치를 어떻게 바라보아야 하는지 큰 기대와
궁금증을 갖게 되었습니다.

**말 라 박** 저는 캠벨이 했던 이야기로 다시 돌아가서, 벌은
곧 예술이라고 말하고 싶어요. 예술은 여전히
존재할 수 있다고 생각합니다. 저에게 자연은
예술입니다. 정말 멋지죠. 하지만 가치라는
개념은 꿀벌의 세계에서도 항상 마주하는 문제입니다.
미국에서 꿀벌을 키워야 하는지에 대한 논란이
있습니다. 꿀벌은 이곳의 토종이 아니기 때문에, 우리는
토종 곤충을 보존하고 보호해야 한다는 의견이 있죠.
저도 동의합니다. 벌뿐만 아니라 모든 식물과 동물들을
보존해야 합니다. 우리는 더 많은 토종 생물종이
필요해요. 하지만 어떤 벌이 더 가치 있는가를 두고
벌들을 비교하는 것은 어려운 문제입니다. 우리는
모든 벌이 필요하고, 제가 전에 말했듯이 가능한 모든
다양성이 필요합니다. 그래서 가치의 문제에 대해
자주 고민하지만, 인간의 판단이 어디까지 개입되어야

하는지에 대해서는 확신이 없어요. 그냥 무시하려고
노력할 때도 있습니다.


**센  멀** 정말 흥미로운 질문이네요. 이 질문을 통해
**딜  레** 지금까지의 이야기를 모두 연결할 수 있을 것
    **이** 같습니다. 제가 보존에 대해 거부감을 느끼는
    **너** 이유를 생각해 보면, 결국 무엇이 가치 있는지를
    **선** 누가 결정하는가에 대한 질문으로 이어집니다.
제프리도 언급했지만, 어떤 사람이 다른 사람을
대신해 판단을 내리는 일종의 강요가 있습니다.
보존 자체에 대한 반감이기보다는, 어떤 사람이 보존해야
할 것과 그 의미를 일방적으로 결정하는 것에 대한
반감일 수 있습니다. 그러나 이런 관점을 벗어나면,
우리는 그 문제를 피할 수 있는 의미 있는 보존의
다른 버전을 이야기할 수 있을 것 같습니다.
여기서 다시 기념품 상자에 물건을 넣는 제 행동으로
돌아가 보겠습니다. 우리 삶에도 힘의 불균형이 존재하는
순간들이 있습니다. 현재의 나만이 존재할 뿐, 미래의
나와 과거의 나는 오늘의 결정에 충분히 반영되지
않습니다. 물론 저는 미래의 저를 생각하려고
노력하지만, 때로는 늦게까지 깨어 있을 때 "아침 6시에
내가 이 상황을 해결할 거야."라고 다짐하게 됩니다.
결국 미래의 나와 과거의 나는 일상에서 충분히
고려되지 못한다는 겁니다. 그래서 어떤 의미에서
보존 행위는 들리지 않고 보이지 않는 자아에 동의하는
것이 아닐지 생각합니다. 오늘날뿐만 아니라, 미래와
과거의 들리지 않고 보이지 않는 자아들, 즉 진정으로
소외된 자아에 동의하는 것이죠. 보존에 대한 우리의

열망은 그 영혼들에 목소리를 주려는 시도일지도
모릅니다. 보존을 건강하게 생각하는 방식은 "미래의
영혼들에도 발언권이 있어야 하지 않을까요?"라는
질문을 던지는 것이 아닐까 싶습니다.

**이제 우리는 보존의 미래라는 주제로 다시 돌아오겠습니다.**

**베 샤** 보존 생물학자나 생태계 복원 전문가의
**스 피** 관점에서 중요한 질문은 "누구에게 가치가
**로** 있는가?"일 것입니다. 그 결정을 누가
내릴 수 있을까요? 생태계에서 어떤 것이
가치가 있을까요? 20세기 초의 보존 운동은
인간 중심적인 시각에서 출발했습니다. 자연 보호
운동이 발전할 수 있었던 이유는 사람들이 그것에
경제적 가치가 있다고 여겼기 때문입니다. 그 과정에서
미적 가치도 인정되었겠지만, 본질적으로는 항상
인간 중심적이었습니다. 이는 오늘날 생태계를 그 자체로
가치 있는 것으로 보는 관점과는 대조적입니다.
생태계의 풍부한 생물다양성이 그 자체로 생태계의
지속과 생존에 필수적이기 때문입니다. 이러한
풍요로움을 증진하는 것이 복원의 목표가 됩니다. 한편,
복원은 현재 가치 있는 것을 더 나은 방향으로 개선하는
과정이기도 합니다. 이는 과거의 가치와는 다를 수
있지만, 현재의 조건에서 더욱 중요한 가치를 부여하는
것이죠. 과거의 일부를 보존하면서도, 현재 우리가
존재하는 시간과 공간이 그 생태계의 일부로서 새로운
가치를 더할 수 있습니다.

**우 비** 유물의 경우, 미래를 위해 그 물건이나 유물을
**발 탈** 보존하는 역할을 맡은 사람들은 누구일까요?
**도 리** 보존가는 무엇을 해야 할까요? 예를 들어,
후원자와 수집가들을 교육하는 것은 우리
모두에게 매우 중요한 문제입니다. 딜러들은
종종 완벽한 상태의 물건을 원하지만, 그것이 복원의
목적은 아닙니다. 복원은 물건의 외형이 아니라
미적 가치를 다루는 일입니다. 외형과 가치 사이에는
큰 차이가 존재합니다.

**말라, 아까 이야기할 때 전에 사용하지 않았던 다른 용어를 소개해
주셨어요. 정원을 가꾸면서 '통제하지 않는 것'에 대해 이야기하셨죠.
이 개념은 우리가 논의 중인 보존의 의미에 또 다른 중요한 차원을
더해주는 것 같습니다. 보존과 보전은 통제하려는 욕구를 반영하는
측면이 있습니다. 자연은 활동성과 엔트로피에 관한 것이며,
이는 우리의 의지와 상관없이 일어나는 현상입니다. 보존에서는 통제가
암묵적으로 중요한 역할을 하며, 이는 가치 판단과도 연결됩니다.
무엇을 보존할지, 무엇을 보존하지 않을지를 결정하는 것, 그리고
보존가로서 본인이 맡은 역할과 관련이 있을 겁니다. 여러분도
'통제'라는 용어를 생각해 본 적이 있으신가요?**

**피 콜** 저는 두 가지 측면에서 이 문제를 생각해
**터** 봤습니다. 제가 쓴 「영향력의 발명」
(The Invention of Influence)이라는 긴 시는
프로이트의 제자에 관한 것인데, 이 시는 우리가
세상을 결정하는 방식에 대해 깊이 다루고 있습니다.
'결정'이라는 단어는 적절하지 않을 수 있지만,
어느 정도는 우리가 자신에게 영향을 미칠 것들을

선택할 힘을 가지고 있다고 생각합니다. 하지만 이 모든 것을 완벽하게 통제할 수는 없습니다. 물론 어느 정도 영향력을 행사할 수 있지만, 많은 부분이 우리의 의도와 무관하게 무의식적으로 일어납니다. 통제를 추적하고 이를 우회하거나, 내려놓으면서 스스로 통제되고 있음을 깨닫는 순간은 매우 흥미롭습니다.

**대니바셋 S.** 저도 이 대화에서 인식이 중요한 요소라고 생각합니다. 우리는 때때로 보존이나 보전을 통제하고 싶어 하지만, 동시에 우리가 무의식적으로 하는 일에 대한 인식이 필요합니다. 그 인식은 우리가 살고 싶은 방식, 과거에 대한 접근 방식, 또는 우리가 속한 분야의 역사와 어떻게 관여하고 싶은지에 대한 깊은 이해로 이어질 수 있습니다. 통제는 한 가지 방법이지만, 우리의 행동이 이미 사회적 역사와 구조에 의해 특정 방향으로 이끌리고 있다는 것을 깨닫는 것도 또 다른 방법이라고 생각합니다. 인식한 후 우리가 무엇을 선택할지는 통제와 다를 수 있습니다. 통제를 인식으로 보완하는 것이 중요한 이유입니다.

**스탠리 넬슨** 맞아요. 저는 영화 제작 과정에서 사람들의 이야기나 우리가 찾은 장면들을 최대한 열린 마음으로 다루려고 합니다. 처음부터 완성된 대본으로 시작하지 않고, 대략적인 방향만 정해두고 시작합니다. 초기에는 통제권이 거의 없지만, 작업이 진행될수록 점점 더 많은 통제를 하게 되고, 결국엔 모든 것을 통제할 수 있는 지점에

도달하게 되는 것 같아요. 다른 영화 제작자를
칭찬할 때 "그 감독은 그 매체를 완벽하게 통제하고
있었어"라고 말할 수 있지만, 저는 제가 전혀
개입하지 않은 것처럼 보이길 원합니다. 통제하고
있다는 느낌을 주지 않으려는 거죠. 우리가 하고자 하는
이야기는 '스탠리 넬슨이 말하는 프리덤 라이더스'나
'스탠리 넬슨이 말하는 아티카' 이야기가 아니라
그 이야기 자체로 전달되길 원합니다. 물론 제가
만든 이야기지만, 그 안에서 저 자신을 지우고, 적어도
그 이야기가 스스로를 통제하고 있는 듯한 느낌을 주고
싶습니다.

**로 레** 저도 내려놓기와 통제 사이에서 균형에
**렌 드** 공감합니다. 저는 이 과정을 단계적으로
**니** 봅니다. 무언가를 취재하러 나갈 때는
**스** 최대한 선입견을 내려놓고, 놀라움을 느끼며
수집한 자료에 반응하려고 노력합니다.
스탠리처럼 열린 자세를 유지하려고 하죠. 이후에는
모은 자료를 편집하고 구조화하면서, 예상치
못한 수집물에 의도적으로 의미를 부여하는
과정을 시작합니다.

**제 깁** 통제를 내려놓을 때 환경과 진정한 상호작용이
**프 슨** 일어나며, 그 결과로 긍정적인 무언가가
**리** 생긴다는 것을 깨닫게 되는 순간이 있는 것
같습니다. 이것은 많은 사람들이 돌파구를
찾는 순간에 배우는 중요한 교훈이지만, 동시에 직관에
반대하는 결정이기도 합니다. 중요한 것은 미지의

공간, 공허한 공간에 들어가서 그 공간을 신뢰하는
것입니다. 하지만 이러한 반응들은 현대 사회의 직관과는
반대되는 것들입니다. 현대 사회는 우리에게
신뢰하라고 격려하지 않으며, 우리 몸을 전체적으로
사용하여 세상을 탐색하도록 격려하지 않습니다.

**캠 맥** 저도 '통제'라는 단어가 중요한 용어라고
**벨 그** 생각합니다. 영속성이라는 개념이 결국
**래** 환상에 불과하기 때문입니다. 보존과 보전은
**스** 인간의 수명이나 몇 세대의 삶을 기준으로
측정되며, 우리가 설정하는 기준과 프레임에
따라 상대적입니다. 다른 프레임으로 볼 때에는
이 모든 것이 무의미할 수도 있습니다.

1년 전쯤 시인이자 생태학자로도 유명한 게리 스나이더(Gary Snyder)의
낭독회에 참석한 적이 있습니다. 그는 70년대부터 시에라 산맥에
살며 자연주의자로 널리 존경받는 인물입니다. 강연 중에 누군가가 그에게
"미래에 대해 어떻게 생각하시나요?"라고 물었죠. 스나이더는
"글쎄요, 5만 년 후에는 지구가 아주 좋은 상태가 될 것 같고, 모든 것이
정말 멋질 겁니다."라고 답했습니다. 질문을 한 사람은 "우리가
이 모든 것을 제대로 하고 있지 못한데, 그런 말을 들으니 정말 놀랍네요."
라고 말했죠. 스나이더는 "우리는 그때 여기 없겠지만, 지구는 잘 지낼
거예요."라고 대답했습니다.

이러한 관점에서는 보존과 보전에 대한 우리의
모든 고민이 상대적으로 보일 수 있습니다. 그래서
저는 지질학에 관한 책을 읽을 때 평안함을
느낍니다. 지질학에서는 시간이 수천만, 수억 년
단위로 흐르기 때문에 우리의 걱정이 굉장히 사소하게
느껴집니다. 그렇지만 우리는 인간이기에,

우리 나름의 시간적 관점에서 세상을 이해하려고 노력합니다. 그래서 이러한 대화를 나누는 것이죠. 만약 우리가 보존과 보전에 관해 생각하지 않는다면, 변화와 실시간이라는 위협적인 개념에 통제권을 넘겨주게 될지도 모릅니다.

**베 샤** 제 생각을 단순화해 모든 것을 하나의
**스 피** 생태계로 본다면, 저는 그 생태계를
**　 로** 보전하기 위해 제가 가장 잘할 수 있는 일에 집중하려고 노력합니다. 그 해답은 개별 구성 요소에 초점을 맞추기보다는, 그 구성 요소 간의 상호작용에 집중하는 데 있을 겁니다. 생태계에는 같은 역할을 하는 여러 종이 상호작용을 하고 있고, 생태계를 보전하는 가장 좋은 방법은 이러한 모든 서비스와 생태계를 구성하는 요소들의 연결성을 보호하고 보존하는 것입니다. 복원에 대해 생각할 때, "이곳에 살던 모든 종을 되살리자"라는 접근보다는 "어떻게 하면 이 생태계가 번성했던 과거의 상호작용을 재현할 수 있을까?"라는 관점에서 바라보는 것이 더 효과적일 수 있습니다. 그렇다면 센트럴 파크를 복원하는 데 꼭 비둘기가 필요할까요? 아마 아닐 겁니다. 하지만 때때로 비둘기처럼 파괴적인 존재가 오래된 숲을 허물고 새로운 시작을 할 수 있는 환경을 만들어준다면, 그 역할은 분명 유용할 수 있습니다. 이것이 바로 비둘기가 생태계에서 하는 역할입니다.

**말라가 언급한 물소처럼 말이죠?**

**베스피로** 그렇습니다. 우리가 모든 것에 신경 쓸 수 없다면, 중요한 것은 이러한 상호작용과 생태계 서비스에 집중하는 겁니다. 우리가 모든 것에 주의를 기울일 수 없다고 생각해요.

**에밀리 윌슨** 제 답변은 "우리가 지금 기억해야 할 것은 무엇인가?"라는 질문과 연결됩니다.
저는 보존, 보전, 복원 같은 라틴어에서 온 용어들보다 '기억'이라는 대안적 개념을 더 자주 떠올리곤 합니다. 우리가 잊어버렸을지도 모르는 것을 기억하려면 무엇이 필요할까요? 이와 함께 그리스어 단어 므네모시네(Mnemosyne)도 생각해 봅니다. 기억의 여신이자 뮤즈들의 어머니로, 창의성의 원천인 존재죠. 기억이란 단순히 과거를 똑같이 떠올리는 것이 아닙니다. 오히려 기억은 무언가를 지속적으로 떠올리는 과정이며, 오늘 중요하게 여기는 것이 어제와 다를 수 있음을 의미합니다.

예를 들어, 제가 호머의 작품을 번역할 때 우발도가 예술 작품을 복원할 때와 같은 고민을 합니다. 제 번역을 읽는 독자들이 원작에서 느껴지는 특별한 경험을 그대로 느끼길 바라지만, 다른 번역에서는 같은 방식으로 기억되지 않을 수 있습니다. 원작에는 운율이나 소리, 극적인 목소리 같은 요소들이 담겨 있지만, 다른 번역에서는 이런 요소들이 제대로 전달되지 않기도 합니다. 어쩌면 이런 부분들이 우리가 잊고 있던 것일 수도 있고, 이를 다시 상기시키고 기억하는 것이 중요하다고 생각합니다. 비슷한 예로, 한 세대 전 그리스와 로마 고대에 대한 기록에서는 남성 엘리트가 아닌 사람들, 특히 노예들의 존재가 충분히 주목받지 못하거나 잊힌 경향이 있었습니다.

이런 것들이 반드시 기억되어야 한다고
생각합니다. 하지만 이 과정을 단순히 보존이라는
개념으로만 볼 수 있을지 모르겠습니다. 때로는
기존의 서사에 반대하거나, 새로운 방식으로 기억하기
위해 과거의 서사를 의도적으로 잊어야 할 때도
있기 때문입니다.

**에밀리, 기억을 언급해 주셔서 반갑습니다. 우리가 아직 다루지 않은 부분이지만, 기억이 보존의 원형이라는 생각이 드네요. 생물학적 본질주의자가 되려는 건 아니지만, 기억이 우리 안에 존재한다는 사실이 보존의 중요성에 대해 다시 생각해 보게 합니다. 대니, 이 주제에 대해 어떻게 생각하시나요?**

대니 S. 바셋  정말 흥미로운 질문입니다. 특히 인간의 기억이 우리가 생각했던 것보다 훨씬 더 유동적이고 동적이라는 점이 주목할 만합니다. 우리가 기억을 떠올릴 때, 그것을 단순히 재현하는 것이 아니라, 동시에 바꾸기도 하죠. 어떤 부분을 강조하거나 다른 부분을 잊기도 하면서, 과거와의 상호작용이 단순히 과거를 보존하는 것이 아니라, 우리가 과거를 이해하는 방식을 능동적으로 바꿉니다. 이런 맥락에서 보존, 보전, 복원의 역할이 중요해집니다. 우리가 무의식적으로 무엇을 잃고 무엇을 유지할지 선택한 것을 다시 생각하고, 이를 의식적으로 다룰 수 있는지 고민할 필요가 있습니다. 이를 통해 우리는 사회, 문화의 과거와 공정하고 생산적인 방식으로 상호작용을 할 수 있습니다.

**보존가들과 대화를 나누다 보면, 그들이 물건을 보존하는 과정에서도
물건이 변한다는 이야기를 듣게 됩니다. 보존이라는 행위 자체가
변화를 불러일으킨다는 것이죠. 이 부분은 대니가 언급한 기억할 때
일어나는 일과 비슷한 것 같습니다.**

대니 S. 덧붙이자면, 정말 흥미로운 점은 선택의
바셋  여지가 많다는 것, 그리고 모든 것을 선택하지
      않고 몇 가지만 선택할 수 있다는 사실입니다.
      그 선택 과정에서 무엇이 남고 무엇이
      사라질지를 결정합니다. 과학이나 역사를
기록하는 과정에서도, 어떤 사건이나 인물을
다룰지를 선택합니다. 이는 과학 논문의 어느 부분이든
마찬가지입니다. 항상 선택의 문제이며, 이는 누군가가
포함되고 누군가는 제외된다는 것을 의미합니다. 그래서
이런 선택이 어떻게 이루어졌는지, 그리고 과거에
간과되었던 이야기를 어떻게 복원할지를 끊임없이
고민하는 것이 중요한 과제라고 생각합니다.

로렌니스 저는 기억과 시에 관한 몇 가지 주제를 다루려고
       했어요. 제 첫 번째 책은 106세까지 살았던
       한 여성의 자서전이었어요. 그녀는 어렸을 때
       교육 과정에서 수많은 시를 외웠는데, 무려
       한 세기 넘게 그 시들을 기억하고 있었죠. 시간이
흐르면서도 그 시들은 변하지 않았지만, 그녀에게
그 시들의 의미는 달라졌다고 이야기했어요. 단어들은
그대로였지만, 시간이 흐르면서 그 시의 의미가
자신에게 어떻게 변해갔는지에 대해 이야기했습니다.

**스탠리 넬슨** 사람들이 저에게 들려주는 영화 속 이야기는 그들의 기억입니다. 그런데 그 기억들은 거의 굳어진 것처럼 느껴집니다. 그들은 그날에 대한 멋진 이야기와 기억을 가지고 있을 겁니다. 하지만 제가 "그날 어떤 색의 양말을 신고 있었나요?" 같은 구체적이고 주제에서 벗어난 질문을 던지면 잘 기억하지 못합니다. 그래서 그들이 이야기하는 것은 아마도 계속해서 반복해 온, 자신에게 익숙한 기억일 것입니다. 최근 104세인 한 여성을 인터뷰했는데, 그분은 특정한 사건에 관해 계속 이야기할 수 있었습니다. 하지만 그 사건이 일어난 당시의 감정이나 상황에 대해 물어보면, "그건 기억나지 않아요."라고 대답하셨어요. 이처럼 사람들이 기억할 수 있는 것에 집중해 그 이야기를 반복하는 흥미로운 현상을 보게 됩니다.

**피터 콜** 그 이야기를 들으니 두 가지 생각이 떠오르네요. 첫 번째는 선택적 기억과 그로 인해 기억의 범위가 축소되는 현상입니다. 제 아내 아디나 호프만과 함께 쓴 『Sacred Trash』라는 책에서 우리는 카이로 게니자(Cairo Geniza)에 대해 연구했어요. 이 책에서는 학자들이 20세기 내내 약 40만 개의 문서가 쌓인 '쓰레기 더미'에서 어떻게 중요한 발견을 했는지, 그리고 왜 그들이 처음에는 눈앞의 중요한 것들을 놓쳤는지를 탐구했습니다. 한 세기가 흐르는 동안 사람들이 자신이 집착하는 것들을 찾아내고, 그것을 얻기 위해 방해되는 모든 것을 밀어내며 가치 없는 것으로 분류하는 방식은 참 놀라웠어요. 그런 것들은 사람들이 관심을 두지 않았기 때문에 오랫동안 '쓰레기'로 남아 있었있죠. 그러다 운 좋게도 그것들이 버려지기 전에 누군가가 와서 그 가치를 발견했고, 학문적 관점이 변하면서 그것들이 다시 가치를 인정받게 된 겁니다.

다른 하나는 제가 문학 번역을 가르칠 때 학생들과 함께하는 게임에 관한 것입니다. 흔히 번역은 모든 뉘앙스와 의미를 완전히 담아내지 못한다는 진부한 인식이 있습니다. 그래서 저는 이렇게 말합니다. "제가 주짓수를 좀 해봤는데요. 모든 것을 얻을 수는 없습니다. 단 한 가지만 얻을 수 있는데, 그게 뭘까요?" 모든 사람은 매트에 올라서 자신이 얻을 수 있는 한 가지 속성을 선택해야 합니다. 그리고 그 한 가지를 얻으면 잘했다고 말할 수 있습니다. 흐릿하거나 무의미한 결과 대신에 그 하나를 잘 담아내면, 그 속성 속에 많은 다른 요소들의 DNA가 담겨 있어서 그것이 다시 성장할 수 있다고 봅니다. 아마 대니는 이 비유가 과학적으로 맞지 않다고 할지도 모르지만, 인문학에서는 통하는 이야기입니다.

**스탠리가 특정 부분만 기억하고 다른 부분은 기억하지 못한다고 이야기할 때, 저는 무언가를 끊임없이 다듬는 행위를 떠올렸습니다. 이탈리아 르네상스 시대에 사람들은 개인을 하나의 예술 작품처럼 묘사하곤 했습니다. 방금 대니와도 이야기한 것처럼, 기억이 작동하는 방식과 보존가가 일하는 방식에는 비슷한 점이 있는 것 같습니다. 보존가가 작업을 할 때마다 그 개입이 변화를 불러일으키듯이, 우리가 기억을 보존하는 방식도 예술 작품을 다루는 것과 비슷하다는 생각이 듭니다. 우리는 기억을 분리하고 고립시킨 뒤, 특정한 방식으로 다듬고, 포장하여 보존합니다. 그렇게 보존된 기억은 이후 거의 변하지 않거나 조금만 변화하면서 전해집니다.**

스탠리, 앞서 편집실 바닥에 남겨진 95%의 이미지에 대해 이야기하면서 보존자의 역할을 축소한다고 언급했는데, 이번에는 감정의 영역을 고려해 보면

**어떨까요? 편집 과정에서 이미지나 단어는 남겨두어야 할지 모르지만, 피터가 비유한 DNA처럼, 사람들이 느낀 감정을 포착해 그 일부를 보존할 수 있다면 어떨까요? 그 감정들이 우리가 보여줄 수 없는 부분까지 포함한 전체 그림을 구성하는 데 기여할 수 있지 않을까요?**

**스넬 탠슨 리** 네, 저도 그렇게 생각합니다. 제 역할이 영화 제작자로서 감정과 기억을 다듬고 정리하는 것과 비슷하다고 할 수 있죠. 이 대화를 통해 제가 평소에는 떠올리지 않았던 것들을 생각하게 되어 흥미롭습니다. 말씀하신 것처럼, 기억을 하나의 예술 작품처럼 다듬는 것은 마치 조각들을 모아 영화를 만드는 과정과 비슷합니다. 우리는 감정적으로 가장 와닿고 이야기를 잘 전달할 수 있는 조각들을 선택합니다. 그런데 그 이야기들이 정말로 가장 중요한 이야기일까요? 혹은 실제로 일어난 일에 가장 가까운 이야기일까요? 어떤 면에서는 알 수 없고, 또 어떤 면에서는 그렇지 않습니다. 어쩌면 우리가 현실을 보존하고 있기 때문에 중요하게 여기지 않기로 한 것일 수도 있습니다. 그래서 누군가가 훌륭한 이야기를 들려주면 우리는 그것을 사용할 것입니다. 하지만 그게 가장 정확한 이야기일까요? 꼭 그렇지는 않을 수 있습니다. 하지만 많은 사람들은 우리가 만든 두 시간짜리 아티카 이야기만 알게 되기 때문에, 그 이야기가 가장 중요하게 여겨질 수도 있습니다. 그들은 관련된 책을 읽거나 직접 사람들을 인터뷰할 수 없으니까요. 이 이야기를 영화로 보존한다는 것이 얼마나 중요한 일인지 다시 한번 느끼게 됩니다. 저는 항상

두 시간짜리 영화를 책의 서문과 같다고 말하곤
합니다. 결국 영화는 짧은 서문처럼 전체 이야기의
일부분만을 담게 되며, 서문이 많은 사람에게는
유일한 문서가 됩니다.

**대니바셋 S.** 흥미로운 비유네요. 인간은 마치 모래 더미와도
비슷한 것 같아요. 모래 더미에는 다양한
영역이 있는데, 그중 일부는 결정질 구조로
되어 있어요. 이 결정질 영역은 주변과
상호작용을 하는 패턴이 일정하고, 스탠리가
언급한 것처럼 사람들은 중요한 이야기들을
반복해서 말하곤 하죠. 과학자들에게도 이 결정질
영역이 중요한 이유는, 그것들이 모래 더미가
어떻게 형성되었는지를 기억하고 있기 때문이에요.
그 결정들이 모래 더미가 오른쪽에서 왼쪽으로
휩쓸렸는지, 혹은 그 반대 방향으로 휩쓸렸는지, 또는
주변에서 발생한 힘의 소용돌이로 인해 형성된
구조인지를 알려줍니다. 다시 말해, 이 영역들이
우리에게 모래 더미의 역사의 중요한 단서를
제공합니다. 반면에 결정질이 아닌, 자유롭게 흩날리는
모래들은 그런 기억을 담고 있지 않죠. 이 비유는
우리가 다큐멘터리 영화나 과학적 연구를 통해 기억과
역사를 보존하고 기록하는 방식과 유사합니다.
즉, 모래 더미가 어떻게 형성되었는지에 대한 기억을
제공해 줍니다. 이는 인간이 물리학의 다른 많은
요소와 크게 다르지 않다는 것을 보여주기 때문에
정말 멋진 일이라고 생각합니다.

**로렌드니스** 대니, 정말 흥미로운 이야기예요. 스탠리가 이야기할 때, 기억을 개인의 프로젝트가 아니라 집단적인 프로젝트로 바라봐야 한다는 아이디어가 인상적이었거든요. 모래 더미에 대한 비유가 그 집단적 개념과 잘 맞아떨어지는 것 같고요. 스탠리의 아티카 이야기도 한 사람의 이야기가 아니라 다양한 사람들이 각자의 관점을 제시하는 것처럼 느껴집니다. 저는 사람들을 인터뷰할 때, 일대일 인터뷰보다는 세 자매나 가족을 함께 인터뷰하는 방식을 좋아합니다. 그러면 서로의 기억을 자극하거나 때로는 서로의 기억에 도전하게 되죠. 이는 석회화된 기억을 깨고 다양한 관점을 얻을 수 있는 흥미로운 방법이라고 생각합니다.

**피터 콜** 스탠리가 인터뷰 대상자들과 '다듬기'에 대해 이야기할 때, 그 과정이 그들만의 것이 아니라 우리 자신에게도 일어난다는 생각이 들었어요. 저 역시 제 자신을 특정 문학의 전달자이자 시의 전통에 대한 지식의 매개자로 인식합니다. 어려운 선택을 할 때마다 그 선택은 내면의 갈등이나 손실을 수반하죠. 소설가 조제 사라마구(José Saramago)가 말했듯이, 선택을 통해 무언가를 변화시키면서도 그 본질을 유지합니다. 그 이후에는 우리의 이야기를 다듬고, 그 과정에서 지식의 틈을 메우고 복원하는 과정이 필요합니다. 그렇지 않으면, 그 이야기는 마치 피클처럼 되어버려 너무 다듬어진 나머지 공동체와 진정으로 상호작용하지 못할 겁니다. 이 과정은 매우 까다롭고,

심리적이며 예술적인 영역입니다. 이 과정이 지속적으로 발전하는 예술가와 그렇지 않은 예술가를 구분 짓는 중요한 요소라고 생각합니다.

**대니, 로렌과 피터의 이야기를 듣다 보니 모래 더미에 대해 말씀하신 내용을 다시 한번 들어보고 싶습니다. 피터가 카발라 철학에서 보존을 구조적으로 설명한 것처럼, 보존이 구조적이라는 점에서 모래 더미는 생명체와 집단 기억의 메커니즘을 시사하는 그림인 것 같습니다. 모든 사회에는 결정체처럼 기억을 담당하는 사람들이 있지만, 그렇지 않은 사람들도 있죠. 사람들은 스스로를 발전시키고 이야기를 다듬으며, 기억을 모으고 보존하려는 노력을 통해 기억의 수호자가 되기로 선택할 수 있습니다. 그러나 개별적인 모래알들은 이런 방식의 선택을 하지 않습니다.**

**대니 바셋** S. 결정형이 아닌 모래 더미의 조각들이 모래 더미 전체를 완전히 다른 무언가로 바꿀 수 있는 중요한 역할을 할 수 있다는 점입니다. 예를 들어, 이 조각들이 눈사태를 일으킬 수도 있죠. 이것을 유연성의 맥락에서 생각해 볼 수 있는데, 이는 시와도 밀접하게 관련됩니다. 또 다큐멘터리와도 비슷한 점이 있어요. 어떤 역사적 조각이 오늘날 우리가 생각하는 방식을 바꾸고, 그 결과 새로운 무엇인가를 창조해 내는 과정과 연결되죠. 그래서 기억을 보존하는 조각들도 중요하지만, 기억을 뒤로하고 새로운 것을 시도하려는 모래 조각들 역시 중요한 역할을 합니다.

우리가 개인의 삶을 생각할 때, 우리는 미래로 가져갈 결정체나 역사를 존중하고 돌보길 원합니다. 각자가 그것을 잘 보존하고 있는지, 제대로 수행하고 있는지를 고민하죠. 하지만 동시에, 우리는 과거에 의해 예측되거나 결정되지 않은 새로운 내일을 받아들일 수 있는 태도도 갖고 싶어 합니다. 결국 우리는 여러 조각의 모래가 되길 원하는 것 같습니다.

**그렇죠. 우리는 단지 '피클'처럼 남아 있고 싶진 않죠. 방금 말씀하신 내용이 보존과 유지를 이루는 일부이긴 하지만, 우리가 보존과 보전의 구조적인 측면을 이야기할 때 간과하는 '망각'에 대해 생각해 보게 됩니다.**

**모래 더미의 움직이는 조각들은 망각의 역할을 합니다. 바로 이 부분들이 아름답고 계속 변화하는 모래 언덕을 만들어 내죠. 그래서 여러분께 묻고 싶습니다. 쇼핑하러 가는 걸 깜빡하는 것 같은 단순한 망각이 아니라, 보존을 위한 작업의 일부로서 망각은 어떤 역할을 할까요?**

대니바셋 S. 저는 의도적으로 공동의 서사를 잊고, 독립적인 서사에 귀를 기울이는 것이 중요하다고 생각합니다. 이것이 우리가 듣는 이야기의 다양성을 높이는 데 정말 중요한 요소인 것 같습니다.

스탠리 넬슨 지금 맥락에서 조금 다를 수 있지만, 상영회에서 가끔 이런 질문을 받습니다. "편집실 바닥에 무엇을 남겼나요? 영화에 넣지 않은 건 무엇인가요?"라는 질문이죠. 그때마다 저는 항상 기억나지 않는다고 답합니다. 영화를 완성하고 나면, 영화에 무엇을 포함하지 않았는지 생각하지 않으려고 하는데, 사실 저의 정신 건강을 지키기 위한 방법이기도 합니다. [웃음] 매번 영화를 볼 때마다 넣지 않은 부분을 떠올린다면 괴로울 것 같아요. 그래서 영화가 완성되면 그런 것들은 그냥 잊어버립니다. 제게는 그게 필요한 일이에요.

**로렌니스** 스탠리의 말에 공감해요. 제가 작업을 하는 이유 중 하나는 예전의 아이디어들을 놓아주고, 새로운 아이디어로 넘어가기 위해서인 것 같아요. 과거의 작업에 대해 이야기하는 게 어려운 이유 중 하나가, 기억에서 점차 멀어지기 때문이죠. 마치 거의 잊혀진 것처럼 느껴지지만, 그 기록이 남아 있긴 하잖아요. 또 무용과 같은 일시적인 예술 형식을 떠올려보면, 망각이나 움직임, 혹은 사라짐 자체가 그 예술 형식에 내재되어 있습니다. 그런 점에서 사라질 수 있다는 것이 중요한 의미를 갖는 것 같아요.

**피콜터** 피터의 질문을 듣고 나니 망각이라는 개념이 아름답게 느껴집니다. 다시 창작 과정으로 돌아가서 생각해 보면, 그 이후에 일어나는 일보다는 창작의 생성 측면에 집중하게 되는 것 같아요. 몇 년 전에 지그문트 프로이트의 제자인 빅터 타우스크(Victor Tausk)에 관한 긴 시를 쓴 적이 있어요. 그에 대해 자세히 말할 필요는 없지만, 그는 굉장히 독특한 인물이었죠. 프로이트는 '잠재 기억', 즉 숨겨진 기억에 시달렸습니다. 무언가를 읽고도 그 사실을 잊어버리거나, 대니가 말한 것처럼 기억이 모래 언덕처럼 복잡한 방식으로 사라져 버리는 것이죠.
기억은 어딘가에 남아 있지만, 실제로는 전혀 떠오르지
않는 겁니다. 저도 이런 경험을 자주 겪습니다.
오래된 노트에서 아이디어를 찾다가 시의 시작 같은 영감을 떠올리면,
"누군가 이미 이 생각을 했었어"라고 생각합니다. 누가 했는지는
모르겠지만, 마치 표절이 아닐까 하는 생각이 들죠. 출처는 완전히
지워졌지만, 아이디어는 어떤 정신적 원동력으로 여전히
내 안에 존재합니다. 위험할 수 있지만, 저는 시가 바로 이런 경험과
망각에서 나온다고 생각해요. 몇 년, 몇 달, 혹은 며칠 동안
아이디어는 잠들어 있다가 다시 깨어납니다. 하지만 다시 기억되기
위해서는 무언가가 먼저 잊혀야 하고, 보존가가 다시 그것을
조립하듯이 재구성해야 하죠.

**데이비드 퍼겔** 이번에는 천체 물리학자가 아닌, 신경과학 연구를 지원하는 재단의 회장으로 말씀드리고자 합니다. 기억에 관한 신경과학 연구를 통해 배운 것은 우리가 기억하기로 선택한 것만큼이나 기억하지 않기로 선택한 것에 대해서도 이해할 필요가 있다는
점입니다. 이 대담을 진행하면서 보르헤스가 쓴 이야기
「기억의 천재 푸네스」(Funes the Memorious,
1942)가 떠올랐습니다. 이 이야기에서 푸네스는
모든 것을 기억하지만, 그로 인해 그것들을
구분하지 못하는 인물입니다. 예를 들어, 어떤 순간의
개와 다음 순간의 개가 같은 동물이라는 사실을
이해하지 못합니다.
이 점은 우리가 머신러닝을 위해 신경망을 다룰 때 네트워크가 무엇을
학습했는지 묻는 것과 비슷합니다. 머신러닝에서 가장 중요한

개념은 무엇일까요? 기억을 어떻게 보관하고 일반화하는지가 핵심입니다. 예를 들어, '개'라는 객체를 어떻게 일반화할 수 있을까요? 이를 위해서는 망각의 개념이 필요합니다. 우리 두뇌는 끊임없이 기억할 가치가 있는 것과 잊을 필요가 있는 것을 선택합니다. 지금 이 방에 대한 엄청난 양의 데이터가 우리의 눈에 들어오지만, 대부분은 기억되지 않습니다. 우리는 조명이 어떻게 생겼는지, 카펫의 정확한 패턴이 무엇인지 기억할 필요가 없죠. 이 대화에서 더 중요한 것들을 기억할 수 있기를 바랍니다. 결국 무엇을 기억하고, 무엇을 잊을지를 선택하는 것이 두뇌의 작동 방식에서 핵심적인 부분이라고 생각합니다.

**에밀리 윌슨** 보르헤스가 이 대화에서 중요한 위치에 있는 것 같아서 그의 「피에르 메나르, 돈키호테의 저자」(The Quixote of Pierre Menard, 1939)를 언급하고 싶어요. 이 작품은 돈키호테를 번역하지 않고 단어 하나까지 원작 그대로 재현한 사람에 관한 매우 흥미로운 이야기입니다. 이야기의 전제는 20세기의 이 이상한 텍스트가 오히려 원작보다 훨씬 더 독창적으로 여겨진다는 점입니다. 이는 보존하려는 행위가 오히려 텍스트를 완전히 파괴하는 결과를 낳을 수 있다는 것을 보여줍니다. 복제와 보존은 매우 독특하게 작동하기 때문에, 동일한 단어라도 전혀 다른 맥락에서 사용되면 완전히 다른 의미를 지니게 되는 것이죠. 번역은 마치 돌로 지은 건물을 나무나 점토, 또는 레고로 재건하는 것과 같아서 원래의 구조를 완전히 다른 재료로 다시 만드는 것과 같습니다. 그리고 '같은' 모양과 느낌을 유지하려면 완전히 다른 구조로 만들어야 합니다.

**우 비** 망각을 다른 방식으로 보면 '제한'이라는
**발 탈** 개념과 연결될 수 있습니다. 저 역시
**도 리** 제가 할 수 있는 일에는 한계가 있다고 느낍니다.
여기 계신 분들도 비슷할 거예요. 우리는
종종 어떤 물체의 본질을 완벽하게 복원하려는 꿈을
꿉니다. 하지만 그 이상을 추구하기보다는 그
이야기를 가능한 한 잘 전달하는 것이 더 중요하다고
생각해요. 복원 작업에서 우리는 이야기를 새롭게
만드는 것이 아니라, 그 이야기를 전달하는 역할을
합니다. 그리고 그 이야기를 반복해서 들려줄
때마다 내용은 조금씩 달라지죠. 즉, 대상에 개입해
본질을 파괴하는 것이 아니라, 그 안에 저와
여러분의 모든 것이 조금씩 들어 있습니다. 우리가
하는 모든 일은 결국 우리의 선택의 결과입니다.
하지만 이런 한계가 오히려 모든 것에 대해 두려워할
필요가 없다는 확신을 주기도 합니다.

**망각은 표면적으로는 과거에 관한 것이지만 미래의 맥락에
놓일 때만 의미를 갖는다는 점에서 보존과 비슷해 보입니다. 우리는
오래된 것을 보존하고, 한때 기억 속에 있었던 과거의 기억을
잊습니다. 우리는 현재 물건들을 보존하여 내일 존재할 수 있도록 하고,
과거를 잊음으로써 미래에 새로운 정신적 풍경을 만들어냅니다.
센딜은 '현재의 나'와 "미래의 나"에 부여하는 가중치가 다르다는
측면에서 가치 평가에 관해 이야기했습니다.**

**이런 관점에서 보존과 관련된 작업에서 미래는 어떤
역할을 할까요?**

**베 샤** 말씀하신 것처럼, 보존 생물학에서 미래는
**스 피** 매우 중요한 요소입니다. 제 역할은 주로 과거,
**로** 특히 아주 오래된 과거의 관점을 살펴보는
것입니다. 많은 사람들이 유전자 변형 생물체
(GMO)나 유전자 편집, 멸종 복원 같은 주제를 떠올리며
두려움을 느낍니다.

제프리의 이야기로 돌아가 보면, 이러한 두려움은 우리가 자연의 한계를 넘어서 자연의 법칙을 바꾸고 있다고 사람들이 믿는 데서 비롯됩니다. 제가 역사적 관점을 제시하려는 이유는, 사실 자연의 법칙을 바꾸는 것이 새로운 일이 아니며, 인류는 이러한 변화를 시도해 온 역사가 있다는 점을 보여주기 위해서입니다. 현재 우리가 유전자 편집으로 유전체를 바꾸고, 유전자를 이동시키며 진화를 유도하는 일은 지난 2만~3만 년 동안 해왔던 것과 본질적으로 다르지 않습니다. 다만 이제 우리는 이 과정을 더 효율적으로 할 수 있게 되었을 뿐입니다. 만약 우리가 생물 다양성이 풍부하고 인간과 자연이 공존하는 미래를 원한다면, 생태계를 중심으로 인간과 자연의 수요 사이에서 균형을 찾아야 합니다. 이를 위해서는 자원을 더 효율적으로 사용할 수 있는 기술을 받아들여야 하며, 이것이 자연과의 관계에서 논리적인 다음 단계입니다.

미래를 생각하는 것은 인간만이 가진 특성입니다. 우리의 모든 변화는 다른 종과의 관계 속에서 미래를 고려하는 과정에서 이루어져 왔습니다. 당장의 문제가 아니라, 내년에 우리 가족을 어떻게 부양할지, 우리가 아침에 깨어나 보게 될 세상에는 미적으로도 만족스러운 다양한 식물과 동물이 존재할지 고민합니다. 또는 다음 팬데믹에 대비해 필요한 약물을 제공할 중요한 생물종들이 남아 있을도 고민합니다. 우리는 과거가 어떻게 현재로 발전해 왔는지 명확히 이해하고, 오늘날의 기술을 활용해 미래로 나아갈 방법을 고민해야 합니다.

**대니 바셋 S.** 과학의 진보를 생각할 때, 저는 강물이 산비탈을 따라 흐르며 산의 지형에 의해 물길이 결정되는 것처럼 복잡한 지형에서 펼쳐지는 미래를 생각합니다. 보존가는 산의 형태를 바꾸어 물의 흐름을 바꿀 수 있다고 생각합니다. 이를 과학에 적용해 보면, 소외된 정체성을 가진 사람들의 이야기와 아이디어, 그리고 그들의 공헌을 정확하게 보존함으로써 우리는 과학의 진보 방향을 바꿀 수 있습니다. 마치 물이 산에서 흐르는 경로, 즉 발견의 방향을 바꾸는 것과 같습니다. 이처럼 보전과 복원을 잘 수행하여 미래에는 과거보다 더 생산적이고 풍요로운 방향으로 나아갈 수 있도록 하는 것이 중요하다고 생각합니다.

**로렌니스 레드 스** 이런 아이디어들을 생각하면서, 우리가 보존과 기억을 긍정적으로만 바라보고 있다는 점이 떠올랐어요. 하지만 이 개념에는 위험하고 어두운 측면도 있다고 생각합니다. 예를 들어, "미국을 다시 위대하게"와 같은 캠페인도 보존이라는 개념을 왜곡한 것이라고 생각합니다. 또는 푸틴의 우크라이나 침공을 러시아 제국의 과거를 복원하기 위한 행위로 보는 시각도 있습니다. 또 헌법을 해석할 때 원전주의적 관점이 차별과 인종차별을 영속화하는 도구로 사용되기도 합니다. 그래서 우리는 보존, 보전, 복원을 과거로 돌아가기 위한 수단으로 사용하는 방식에 대해 경계해야 하며, 더 나은 미래를 향해 나아가는 방법을 고민해 봐야 합니다.

**에밀리 윌슨** 그렇다면, 미래란 무엇일까요? 저는 고대사, 고대 문헌, 고전 문학에 대한 연구가 항상 미래를 향해 나아가는 학문이라고 생각해요. 예를 들어, 미국 건국 당시 제퍼슨이 고대 헌법을 재해석해 미국의 헌법을 설계하려 했던 것도 미래를 위한 시도였죠. 저 역시 고대 문헌을 통해 단순히 현재뿐만 아니라, 미래에도 새로운 대화의 장을 여는 것을 목표로 하고 있어요. 이는 교실의 학생들과 선생님들뿐만 아니라 더 넓은 공동체를 위한 것입니다. 오디세이 번역 프로젝트에서 특히 흥미로웠던 점은 수많은 시인과 예술가들이 그 작품의 다양한 부분을 재해석해 왔다는 사실이었습니다. 과거 문헌의 새로운 버전을 제공함으로써, 미래에 새로운 종류의 대화를 끌어내는 것이 제 작업의 목적입니다.

**스탠리** 제 영화 중 상당수가 과거를 배경으로 하고 있기 때문에, 그들의 미래가 곧 우리의 현재가 됩니다. 영화를 통해 과거의 이야기를 하면서도, 영화에서는 미래, 즉 현재의 중요한 문제들을 다루고자 합니다. 다만, 직접적으로 현재를 언급하지 않고 묘사하려 하죠. 몇 년 전 「프리덤 라이더스」라는 영화를 만들 때, 오바마가 당선된 지 일주일 만에 촬영을 했습니다. 인터뷰를 한 모든 사람이 "우리가 1961년에 그 일을 하지 않았다면 오바마는 당선되지 않았을 것입니다."라고 말하고 싶어 했어요. 그래서 계속해서 "오바마는 아직 당선되지 않았고, 우리는 지금 1961년을 다루고 있습니다."라고 설명해야 했어요. 인터뷰 시작 전에는 "지금 일어나고 있는 일은 언급하지 말아 주세요."라고 당부하기도 했습니다.
어떻게 보면 이 모든 것들이 당시의 미래였던
지금으로 이어졌다는 것을 말하지 않아도 관객이
이해하길 바랐습니다. 이것이 바로 우리가 매번
시도하는 속임수입니다. 과거를 통해 과거의 미래, 즉
현재에 관해 이야기하는 것입니다.

**피 콜** 대니, 복원에 대해 이야기할 때 '생성적'이라는
**터** 단어를 사용하셨는데, 이 단어는 저에게
'관대함'이라는 의미와 연결됩니다. 번역가로서,
그리고 시를 일종의 심층적인 번역으로 여기는
시인으로서, 제 작업의 핵심 동력은 과거의 자료들이
저를 완전히 사로잡는 기대감을 잃지 않는 데
있습니다. 기대감과 가능성에 반응하고, 책임을 지며,
그것을 다른 사람들에게 전달하려는 열망이 생기죠.
그 열망은, 사람들이 현재를 생각하는 방식을 변화시킬
수 있다는 믿음에서 나옵니다.

이는 분명히 미래 지향적인 충동입니다. 그리고 그 관대함은 문학적
전통을 이어가는 중요한 힘 중 하나입니다. 특히 번역에서 이러한
가치는 종종 간과되곤 합니다. 감상적으로 들릴 수 있지만,
많은 학자나 작가들은 적어도 한 사람 혹은 공동체와 무언가를
나누고자 하는 열망이 있습니다. 그래서 미래를 이야기할 때,
저는 그 관대함을 떠올리게 됩니다.

**데이비드, 우주 마이크로파 배경 복사를 연구하면서 138억 년 전의
과거를 들여다본 사람으로서, 이 대화를 마무리하며 미래에 대해
어떻게 생각하시는지 말씀해 주실 수 있을까요?**

**데이비드 퍼겔 N.** 우리가 미래를 이야기할 때, 그것은 아주 긴 시간 척도, 즉 수천억 년이나 수조 년을 의미합니다. 우리가 궁금해하는 것은 우주가 영원히 팽창할지, 아니면 언젠가 수축할지에 대한 것입니다. 로버트 프로스트(Robert Frost)가 하버드 교수 클럽에서 할로 섀플리(Harlow Shapley)와 나눈 대화는 천문학과 시를 연결하는 흥미로운 예입니다. 그 대화에서 영감을 받아 나온 시가 바로 "어떤 이들은 세상이 불로 끝날 것이라 말하고, 다른 이들은 얼음으로 끝날 것이라 말한다."입니다. 이 두 가지가 우리가 생각하는 우주의 운명입니다. 우리는 아직 우주의 대부분이 무엇으로 이루어져 있는지 모릅니다. 원자는 전체의 5%에 불과하며, 약 70%는 우리가 '암흑 에너지'라고 부르는 형태로 존재하는데, 이것은 우리가 정체를 알 수 없는 물질을 설명하기 위해 사용하는 용어일 뿐입니다.

우리가 이런 현상을 관측하는 이유 중 하나는 이 미지의 물질에 대해 더 많이 알아내기 위해서입니다. 우주의 본질을 완전히 이해하기 전에는 그 미래가 어떤 방향으로 나아갈지 예측하기 어렵습니다. 현재 우리가 아는 바로는 우주는 영원히 팽창하면서 점점 차가워질 것입니다. 비관적인 미래처럼 보일 수 있지만, 고(故) 프리먼 다이슨(Freeman Dyson)은 이 상황에서도 희망을 이야기했습니다.
 그는 우리가 생각하고 대화하는 방식을 더 효율적으로 전환하여 에너지를 효과적으로 활용할 수 있다면, 우주의 냉각 속도보다 더 빨리 그 효율성을 높일 수 있다고 지적했습니다. 미래에는 무한한 사고와 대화의 가능성이 존재합니다.

**데이비드, 방금 말씀하신 작업은 일종의 '복원' 작업으로 보입니다. 일반 상대성 이론을 통해 보이지 않는 물질의 분포를 추적해 나가는 과정이 마치 우발도가 복원 작업을 하는 것과 비슷해 보여요. 다만 그 대상이 조각이 아닌 우주의 형태라는 점이 다를 뿐이죠. 그렇다면, 과거의 천체물리학자나 천문학자들도 자신들의 연구를 일종의 역사적 복원 작업으로 여겼을까요?**

데이비드 N. 스퍼겔  저도 그 부분에 대해 확신할 수는 없지만, 우리 분야에는 일정한 긴장이 존재합니다. 우리는 스스로를 물리학자이자 과학자라고 생각하고 싶어 하지만, 사실 어느 정도 역사가에 가깝기도 해요. 많은 물리학자나 화학자들이 실험을 통해 연구하는 반면, 우리는 실험을 하지 않고 우주를 관측합니다. 그것도 매우 제한적이고 왜곡된 방식으로 이루어지죠. 우리는 과거의 조각들을 수집하고, 우리가 이해하는 원칙들을 적용해 그 정보를 바탕으로 일관된 이야기를 재구성하려고 노력합니다.

역사학자 동료들과 대화를 나누면서, 우리 작업이 생각보다 더 역사적이라는 사실을 깨닫게 되었습니다. 우리의 연구가 비교적 단순하게 보이는 이유는 물리학 자체가 기본 원리에 기반을 두고 있기 때문입니다. 기본 원리를 이해하면 이를 적용하여 다양한 사물을 설명할 수 있습니다. 우리는 어떤 의미에서는 역사적인 과학을 수행하고 있지만, 스스로를 그렇게 인식하지는 않습니다. 대부분의 동료들은 우리를 물리학자로 묘사할 겁니다. 이는 학계에서의 정체성이나 연구비 지원, 가치 평가와도 연결된 문제입니다.

**현대 보존 작업의 기원은 고대 조각을 복원한 사람들의 작업에서
비롯되었으며, 그 복원에는 문화유산에 대한 관리가 포함되었습니다.
그런데 지난 50~75년 동안 이러한 방식에 반발하는 움직임이
생겨났고, 보존 분야에서는 가능한 한 최소한으로 개입하는 방식으로
변화해 왔습니다. 보존 전문가들은 미래의 보존가들이 식별하고
되돌릴 수 있는 방식으로 물체에 개입해야 한다고 배웁니다. 그런데 오늘
대화를 나누면서 느낀 흥미로운 점은, 중심축이 다시 복원 쪽으로,
즉 인간이 물체의 생애 과정에 개입할 때 항상 어떤 영향을 미친다는
개념으로 이동하고 있다는 것입니다. 특히 자연 세계와 인간이
큰 변화의 시기에 맞물리면서, 우리는 더 적극적인 개입을 요구하는 접근
방식으로 나아갈 가능성이 있습니다. 이 과정이 어떻게 전개될지
지켜보는 것은 정말 흥미로울 것입니다.**

**데이비드 퍼겔 N.** 제가 지구 온난화 문제에 대응하는 논의에 참여하면서 자주 생각해 온 부분이 바로 이것입니다. 지구의 온도는 계속해서 상승하고 있고, 우리는 이 문제에 점점 더 깊이 개입하고 있습니다. 중요한 과제 중 하나는 경제를 탈탄소화하는 것이지만, 그 속도가 너무 느릴 수 있습니다.

피나투보산이 폭발했을 때, 지구의 온도가 약 1도 정도 떨어진 적이
있었습니다. 화산 폭발은 자연적인 현상이지만, 우리가 인위적으로 기후에
개입할 방법도 고려해야 할까요? 저는 이것을 '지구 기후 회복력'의
개념으로 보고 있습니다.

우리가 예술 보존에서 논의하는 몇 가지 개념을
지구 규모로 확장할 수 있지 않을까요? 예를 들어,
대기 중에 탄산칼슘이나 이산화황을 뿌려 구름 형성을
촉진하고, 해양 구름의 양을 늘리는 방법을 생각해 볼 수

있습니다. 실제로 실행 가능한 방법들이
몇 가지 있습니다.
물론, 이러한 개입이 어떤 영향을 미칠지 완전히 이해하지 못한
상태에서 진행할 수는 없지만, 이미 우리는 지구에 대규모로 영향을 미치고
있는 상황입니다. 그렇기에 생태계를 보전하기 위해 개입하는 방법에
대한 이러한 아이디어들을 고려해야 할 것 같습니다. 현재의 추세를 보면,
2050년대에는 전 지구적인 생태 문제에 직면할 가능성이 큽니다.

**베 샤** 지구공학의 예시는 누가 결정할 권한을 가지며
**스 피** 어떤 영향이 있을지에 대한 중요한 질문을
**로** 던집니다. 최근에 발표된 논문 중 하나에 따르면,
가장 널리 사용되는 지구공학 모델 중 하나가
개발도상국 대부분에서 말라리아 발생률을 높일 수 있다는
결과가 나왔습니다. 이는 선진국이 자신들에게 익숙한
환경을 보존하기 위해 내린 결정이 세계 다른 지역에 큰
비용을 초래할 수 있다는 것을 보여줍니다. 이런 방식이
옳은지에 대한 판단은 배제하더라도, 이는 우리가 미래로
나아갈 때 고려해야 할 모델링 접근입니다. 그러나
모든 이해관계자의 미래를 어떻게 합리적이고 공정하게
고려할 것인가 하는 문제는 여전히 해결하기 어려운
과제입니다. 그리고 우리는 이 부분에 있어 아직 많이
서툴다고 생각합니다.

**데 N.** 맞아요. 우리는 이러한 문제에 있어서 아직
**이** 서툽니다. 특히 보수적인 접근에 대해
**비 스** 더욱 신중할 필요가 있습니다. 현재 많은 보수적
**드 퍼** 접근은 주로 부유한 북반구 국가들에서
**겔** 나오고 있습니다. 저는 남아프리카와 카리브해

지역의 사람들과 이야기를 나눠본 적이 있는데, 그곳은 허리케인이 점점 더 심각해지는 지역입니다. 사실, 이산화탄소 배출에 대한 책임은 우리 북반구 국가들에게 있습니다. 대부분의 배출이 북반구의 개발로 인해 발생했기 때문이죠. 그러나 정작 우리는 그로 인한 피해에 대해 논의하려 하지 않으며, 주로 해안 지역의 가난하고 취약한 지역이 큰 피해를 보고 있습니다. 결국 우리가 어떤 결정을 내리든, 또는 아무런 결정을 내리지 않든, 그들에게 큰 피해를 주게 됩니다.

**데이비드가 지구공학을 설명하는 방식에 한 가지 덧붙이자면, 우리가 이번 대화를 생물학적 보전을 통해 문화유산 보존의 철학적 문제로 접근한 것과 비슷하게, 지구공학에서는 지구 자체를 하나의 대상으로 보고, 마치 보존가들이 유물을 다루듯 지구를 다루려 하고 있다는 점입니다. 이 과정에서 일종의 융합이 일어나고 있는 거죠.**

**우 비** 어떤 보존가가 책임을 질 것인지 신중하게
**발 탈** 고려해야 합니다.
**도 리**

**이 문제와 관련하여, 이번 학기에 초청된 독일 빌레펠트 대학교의 역사 이론 교수인 리사 레가조니(Lisa Regazzoni)가 한스 블루멘베르크(Hans Blumenberg)를 인용하며, 보존이 실제로 근대성의 시작을 상징하는지 의문을 제기했습니다. 그녀는 18세기 이후 근대성의 원리가 신을 인간으로 대체하는 과정에서 형성되었다고 주장한 철학자들을 언급합니다. 이는 더 이상 신이 세상과 우주를 보존하는 역할을 하는 것이 아니라, 인간이 그 책임을 맡고 세상과 사물을 보존하는 존재로 자리 잡았다는 의미입니다. 따라서 보존은 단순한 인간의**

**행동이 아니라, 인간다움을 가장 잘 드러내는 방식으로 인식되기 시작한 것이죠.**

**에 윌** 정말 흥미로운 질문이에요. 부분적으로
**밀 슨** 대답하자면, 제가 요즘 가장 많이 다루고 있는
**리** 『일리아드』와 『오디세이』는 보존, 보전, 복원에 대한 이야기이면서, 동시에 죽음과 지위 변화에 대한 두려움이 폭력적인 복원의 동력이 되는 서사라고 생각합니다. 인간이 보존과 복원을 책임진다는 것이 신들과 인간 사이의 균형이나 대화에서 어떤 의미를 가지는지 탐구할 수 있죠.
예를 들어, 오디세우스가 이타카로 돌아와 20년 전의 자신의 집을 복원하려 한다고 생각해 볼게요. 그는 어떻게 복원 작업을 수행할까요? 과거를 복원하려면, 과거에 없었던 사람들, 즉 구혼자들과 그 시간 동안 함께했던 모든 사람을 제거해야만 합니다. 결국 그는 거의 모든 사람을 죽여야만 하죠.

또한, 아킬레스의 분노도 복원될 수 없는 상실에 관한 것입니다. 아가멤논은 자신의 명예와 동료들에 대한 신뢰를 되찾고 싶어 하지만, 그것이 반드시 복원될 수 있는 것은 아니라는 것을 알게 되죠. 이처럼 인물들의 이야기를 통해 복원의 한계를 탐구한다고 할 수 있습니다.
우리가 이 대화에서 염두에 둬야 할 것은, 이러한 개념들을 생각하게 만드는 이야기들이 무엇인지, 그리고 우리가 마음속에 가지고 있는 암묵적인 내러티브나 신화가 무엇인지 살펴보는 것입니다. 이는 하나를 보존하기 위해 다른 것을 잃어야 하는 것이 무엇을 의미하는지, 또는 파괴적인 상실에 대한 보상이 가능한지에 대한 질문과도 연결됩니다.

**우발도 비탈리** 신화는 이 모든 것을 가장 잘 설명해주는 방식입니다. 저는 판도라의 상자가 떠오르는데요, 사실 정확히 말하면 '항아리'였죠. 이 신화에서 모든 악이 빠져나가고 희망만이 항아리 가장자리에 걸려 남습니다. 우리도 바로 그런 역할을 해야 한다고 생각해요.
또한, 우리의 작업실을 금세공인이나 연금술사의 실험실처럼, 노동과 기도의 장소로 여겨야 합니다. 우리 통제 밖에 있는 것이 많기 때문에, 작업을 하면서도 때로는 조언이나 다른 이들의 도움이 필요할 때가 있죠.

**데이비드 N. 스퍼겔** 저는 최근에 들었던 프랭크 윌첵(Frank Wilczek)의 강연이 떠올랐습니다. 그는 저명한 물리학자이자 데이비드 그로스(David Gross)와 함께 원자핵을 결합하는 힘에 관한 이론을 공동으로 발견한 인물입니다.
윌첵은 "과학은 존재하는 것에 대한 것이며, 무엇이 될 수 있는지를 알려줍니다. 이를 바탕으로 무엇이 되어야 하는지 고민해야 합니다."라고 말했습니다. 종교와 윤리, 영혼은 우리가 무엇을 해야 하는지에 대한 지침이 됩니다. 저는 이 세 가지 모두가 필요하다고 생각합니다. 종교와 영혼은 우리가 무엇이 되어야 할지를 이해하는 데 필수적이죠. 물론 이는 매우 현대적인 관점이라고 생각합니다. 400년 전 사람들은 종교가 신이 모든 것을 알려주는 것이라 믿었겠지만, 현대적 사고는 이런 역할들을 분리해 생각하는 것입니다.

예를 들어, 오디세우스가 구혼자들을 제거하는 행위처럼 파괴가 복원과 어떻게 연결될 수 있을까요? 피터 콜과 대화를 나누다 보니, 최근 폴란드 작가 올가 토카르추크(Olga Tokarczuk)가 쓴 18세기 유대교의 거짓 메시아인 야콥 프랭크의 '죄를 통한 구원'이라는 카발리즘적 사고가 떠올랐습니다. 말라의 물소 이야기, 슘페터의 '창조적 파괴', 오디세우스의 행동, 그리고 게르숌 숄렘(Gershom Scholem)의 사상들을 함께 생각해 보면, 복원에 대해 새로운 시각을 제시할 수 있을까요? 다시 말해, 새로운 탄생을 위해 파괴를 추구하거나, 최소한 그것을 용인하는 변증법적 접근을 말하는 걸까요? 예를 들어, 지속 가능성을 위해 물소나 번개로 인한 산불 같은 자연의 파괴적인 힘이 꼭 필요한 걸까요?

**캠벨 맥그래스** 정말 심오한 질문이네요. 저는 그중 작은 부분을 이야기해 보겠습니다. 저는 마이애미 비치에 살고 있으며, 현재 해수면 상승에 관한 글을 쓰고 있습니다. 10년, 20년, 30년 전에는 없었던 물이 이제 만조 때마다 마이애미 비치의 거리로 밀려 들어옵니다. 우리는 점점 물에 잠기고 있습니다. 앞으로 20년, 50년, 100년 후에 어떤 일이 벌어질지 정확히 알 수 없지만, 결국 우리는 물에 잠기게 될 겁니다. 그런데 어떤 사람들은 마이애미가 새로운 베네치아가 될 수 있다고 생각해요. 일종의 창조적 파괴 모델이죠. 하지만 그게 정말 사실일까요? 저는 그렇게 생각하지 않습니다. 오히려 마이애미는 말라리아가 창궐하고, 사람이 살 수 없는 열대 습지가 될 가능성이 더 높다고 봅니다. 물론 베네치아처럼 될 가능성을 믿을 수도 있겠지만, 결과가 어떻게 될지는 아무도 모릅니다. 그럼에도 파괴로부터 긍정적인 것이 생겨날 수 있다는 믿음은 어느 정도 필요하다고 생각해요.

**센 멀 딜 레 이 너 선** 여기서 소개할 또 하나의 흥미로운 개념은 '세포예정사'입니다. 생명체 내부에서 세포들이 예정된 죽음을 맞이해야 다른 세포들이 재생될 수 있다는 사실이 매우 흥미롭습니다. 비유적으로 받아들여 주세요. 저도 제 일에서 의도적으로 일종의 세포예정사를 실천해 왔다고 느낍니다. 학자들은 특정 분야에서 성공하면 그로 인해 명성을 얻게 되고, 그래서 그 자리에 오래 머무르는 경향이 있습니다. 하지만 그렇게 거대한 나무가 되어 큰 그늘을 드리우면, 그 아래에서 다른 나무들이 자라지 못하죠. 물론 빛과 산소를 많이 받는 것이 좋지만, 다른 나무들의 성장을 방해할 수 있다는 점에서는 문제가 됩니다. 연구 영역에서도 비슷한 현상을 볼 수 있습니다. 제가 그 분야에서 물러나 통제권을 내려놓으면, 다음 세대 연구자들이 저와 다른 방식으로 접근할 것이라는 것을 알고 있습니다. 새로운 생각을 하는 사람들이 그 일을 맡는다면, 오히려 더 나은 결과를 가져올 가능성도 큽니다. 그래서 세포예정사는 제 삶에서 자주 되돌아보게 되는 비유입니다.

**말 라 피 박 스** 그건 마치 내가 연구하던 주제를 새로운 관점에서 바라보는 누군가가 이어받는 것과 같네요. 연구도 그런 방식으로 진행되는 것 같아요. 우리는 매번 재발명하고 다시 시도합니다. 그걸 완전히 새로운 것으로 여기기 때문에 우리에게는 언제나 새롭게 느껴집니다. 예를 들어, 재생 농업의 경우, 고대에는 이런 방식으로 농사를 지었지만, 지금은 우리에게 새롭게 다가옵니다. 이 대화에서 제가 듣고 있는 핵심은 바로 이겁니다. 무언가가 다 사용되고 사라진 후에 새로운 아이디어, 새로운 세대, 재생, 그리고

미래로의 새로운 도약이 이루어진다는 것, 그것이
바로 복원이라고 생각합니다.

**캠벨, 피카소의 게르니카에 관해 쓴 시에서 14세기 이탈리아 스타일을 프랑스에서 온 영향으로 이야기하셨습니다. 그런데 그 시를 21세기에 쓰고 있습니다. 그렇다면, 당신은 보존가인가요 아니면 혁신가인가요? 보존가는 과거를 바라보는 사람일까요, 아니면 미래를 향해 나아가는 사람일까요?**

**캠벨 그래스** 완벽한 정답은 없는 것 같습니다. 하지만 형식을 보존하고 "인류가 이런 일을 했다"고 이야기하는 건 매우 중요한 일이죠. 비록 우리가 그 시대의 사람은 아니더라도, 그것을 기억하고 가치를 두는 것은 필수적입니다. 그걸 통해 새로운 무언가를 만들어낼 기회도 생길지 모릅니다. 제가 만든 버전이 원본보다 낫다고 생각하지는 않지만, 그것이 존재했고 사람들이 가치를 부여하며 만들어낸 것이었다는 사실은 중요합니다. 앞으로도 그 형태를 사용해 무엇이 유용할지 살펴보는 것이 중요합니다. 과거를 돌아보지 않으면, 무엇이 이루어졌는지 알 수 없고, 그러면 혁신도 할 수 없을 겁니다.
혁신이라는 말이 창조적 파괴의 미래적 측면과 연결된다는 점은 맞습니다. 우리는 보존해야 할 때가 있고, 때로는 파괴하거나 변형해야 할 때도 있지만, 이 모든 것은 내일은 새로운 것이라고 말하기 위해 고안된 것입니다. 미래는 오직 미래일 뿐이고, 미래는 다가오고 있기 때문에 우리는 과거로부터 무엇을 배울지, 그리고 무엇을 파괴하고 변형할지를 지혜롭게 구분해야 합니다.

**센 멀** 지난 15년에서 20년 사이에 두 가지 큰 변화가
**딜 레** 있었다고 생각합니다. 첫 번째는 20년 전과
**   이** 비교했을 때 오늘날 우리가 평균적으로 생산하는
**   너** 글의 양입니다. 문자나 트윗을 할 수 있는 기기가
**   선** 생겼기 때문이죠. 이제는 거의 모든 사람이
글을 쓰고 있다고 해도 과언이 아닙니다. 과거에는
글을 쓰는 것은 글쓰기 업계에 종사하는 소수의
직업이었지만, 이제는 누구나 글을 생산하고 있습니다.
두 번째로는, 보존 자체의 번영입니다. 모든 사람이 휴대전화를 갖고
있어서 우리의 삶을 사진으로 기록하게 되었죠. 우리는 모두 우리의 삶의
순간들을, 좋든 나쁘든, 놀라울 정도로 많이 기록하고 수집하는
사람들이 되었습니다. 왜 우리가 이 모든 것을 저장하는지 정확히 알지는
못하지만, 이제는 모두가 "사진을 찍어야 해"라고 생각하게 되었어요.
아기 사진뿐만이 아니라, 음식을 먹기 전에도 사진을 찍습니다. 그 사진들이
얼마나 많이 쌓이는지 보세요. 정말 놀라운 변화입니다. 그래서
누군가가 보존 현상의 정점이 언제인지 묻는다면, 저는 바로 지금이라고
말하고 싶습니다. 우리가 얼마나 많은 것을 보존하고 있는지 보세요.
그 이유는 모르겠지만, 현재 우리는 그 어느 때보다 많은 것을 기록하고,
보존하고 있습니다. 이 현상은 정말 놀랍습니다.

**수집은 감정과 깊이 연결되어 있습니다. 동시에 수집은 일종의
보존이기도 하죠. 그렇다면, 감정을 어떻게 보존, 보전, 복원의 영역에
포함시킬 수 있을까요?**

**제 깁** 저는 그 질문을 말라에게 하고 싶습니다.
**프 슨** 앞마당의 잔디를 태우거나 물소처럼 식물을
**리** 밟았던 경험을 이야기하셨을 때, 그 경험을
설명해 주시겠어요?

**말**
**라**
**스**
**피**
정말 흥미진진했어요.

**박**

**제**
**프**
**리**
**길**
**슨**
저도 그렇게 느꼈어요. 물론 제 생각일 뿐이지만, 그 행동에서 흥미로운 점은 말라가 결정권을 자신에게서 벗어나게 했다는 겁니다. 많은 사람들이 불편해할 수 있는 행동, 아마도 다른 사람들에게는 미치거나 비논리적으로 보일 수 있는 행동이죠. 하지만 그 행동은 당신 자신을 위한 것이 아닌 더 큰 무언가를 위한 것이었어요. 과거의 나와 미래의 나를 고려한 것처럼, 이것은 일종의 윤리적 보존이나 윤리적 보전이라고 생각합니다. 즉, 자신을 중심에 두지 않고 환경을 더 의식적으로 보존하고 보전하려는 태도를 의미하죠.

**말**
**라**
**스**
**피**
**박**
맞아요. 제가 중심에 있지 않아도 된다는 점에서 정말 해방감이 느껴졌어요. 저는 그 순간을 위해 살고 있는 거죠.

**센**
**딜**
**멀**
**레**
**이**
**너**
**선**
제프리가 말라에 대해 언급한 내용을 바탕으로, 감정의 지속성에 대한 심리학 연구를 떠올렸습니다. 말라가 땅을 밟으며 느낀 감정이나 통제감과 관련이 있는데요. 흥미로운 점은, 우리가 감정을 실제보다 더 오래 지속될 것으로 인식한다는 사실입니다. "이 또한 지나가리라"라는 말이 공감을 얻는 이유이죠. 감정이 우리를 사로잡을 때, 우리는 그것이 영원할 것처럼 느끼지만, 실제로는 그렇지 않습니다.
이 잘못된 인식이 우리의 많은 선택에 영향을 미치고 왜곡을 일으킵니다.

**그렇다면 이런 강렬한 감정이 우리가 논의한 "파괴를 통한 복원"이라는 변증법과도 관련이 있을까요? 그리고 그것이 우리 자신의 미래에 대한 불안정한 감정, 즉 한정된 시간 속에서 느끼는 불안과 연결될 수 있을까요?**

**말 스** 저는 그것을 일종의 계절성으로 봅니다.

**라 피** 어쩌면 우리의 삶도 계절을 닮았을지 모릅니다.

**박** 제가 미네소타에서 사는 걸 좋아하는 이유 중 하나는 이곳의 계절 변화가 매우 극단적이라는 점이에요. 모든 계절이 아주 강렬하게 다가오고, 시간이 지나면 또 다른 아름답거나 혹은 거친 날씨가 찾아오죠. 이것이 바로 재탄생의 과정입니다. 매년 봄이 되면 제 앞마당에서 자라는 것들이 조금씩 달라지고, 그곳을 찾아오는 벌들도 더 많아집니다. 제가 그들을 불러들이는 것이죠. 재탄생이라는 개념은 희망적입니다. "미래에 우리가 여기 없을 수도 있다"라는 게리 스나이더의 말에 저도 동의합니다. 하지만 제 앞마당은 계속 남아 있을 것이라고 믿습니다.

참가자들이

언급한

참고서적

### 피터 콜

Cole, Peter. *Draw Me After*. New York: Farrar, Straus and
    Giroux, 2022.
Cole, Peter. *The Invention of Influence*. New York:
    New Directions, 2014.
Hoffman, Adina, and Peter Cole. *Sacred Trash: The Lost and
    Found World of the Cairo Geniza*. New York:
    Schocken, 2011.
Saramago, José. "To Write Is to Translate." In *The Translator's
    Dialogue: Giovanni Pontiero*, edited by Pilar
    Orero and Juan C. Sager, 85–86. Amsterdam:
    John Benjamins, 1997.

### 캠벨 맥그래스

McGrath, Campbell. "Guernica," in *XX: Poems for the Twentieth
    Century*, 76–78. New York: Ecco/Harper Collins, 2016.

### 피터 N. 밀러

Biondo, Flavio. *De Roma instaurata libri tres* . . . . Turin,
    1527 [1444–46]. https://hdl.handle.net/2027
    /ucm.5317949053.
Hemholtz, Hermann von. "On the Conservation of Force."
    translated by Edmund Atkinson. In *Scientific
    Papers: Physics, Chemistry, Astronomy, Geology*,
    Vol. 30 of The Harvard Classics, edited by

Charles W. Eliot. New York: P. F. Collier, 1909–14. https://www.bartleby.com/30/125.html.

Kopytoff, Igor. "The Cultural Biography of Things: Commoditization as Process." In *The Social Life of Things: Commodities in Cultural Perspective*, edited by Arjun Appadurai, 64–91. New York: Cambridge University Press, 1986.

Scholem, Gershom, "Redemption through Sin." In *The Messianic Idea in Judaism and Other Essays on Jewish Spirituality*, 78–141. New York: Schocken, 1971.

Tokarczuk, Olga. *The Books of Jacob*. Translated by Jennifer Croft. New York: Riverhead, 2022.

## 센딜 멀레이너선

Fullerton, Don, and Shan He. "Do Market Failures Create a 'Durability Gap' in the Circular Economy?" NBER Working Paper Series, no. 29073, National Bureau of Economic Research, Cambridge, MA, July 2021. https://www.nber.org/system/files/working_papers/w29073/w29073.pdf.

Gilbert, Daniel. *Stumbling on Happiness* [행복에 걸려 비틀거리다]. New York: Knopf, 2006.

Schumpeter, Joseph. *Capitalism, Socialism, and Democracy*. New York: Harper, 1942.

Wilson, T. D., T. Wheatley, J. M. Meyers, D. T. Gilbert, and D. Axsom. "Focalism: A Source of Durability

Bias in Affective Forecasting. *Journal of Personality and Social Psychology* 78, no. 5 (2000): 821–36. https://doi.org/10.1037//0022-3514.78.5.821.

## 스탠리 넬슨

Nelson, Stanley, and Traci Curry, dirs. *Attica* [아티카]. Showtime Documentary Films/Firelight Films, 2021.
Nelson, Stanley, dir. *The Black Panthers: Vanguard of the Revolution* [더 블랙 팬더스: 뱅가드 오브 더 레볼루션]. Firelight Films, 2015.
Nelson, Stanley. *Freedom Riders* [프리덤 라이더스]. Firelight Media, 2010.

## 로렌 레드니스

Redniss, Lauren. *Century Girl: 100 Years in the Life of Doris Eaton Travis, Last Living Star of the Ziegfeld Follies.* New York: Regan/HarperCollins, 2006.
Redniss, Lauren. *Oak Flat: A Fight for Sacred Land in the American West.* New York: Random House, 2020.
Redniss, Lauren. *Time Capsule.* New York: Make Me a World, 2022.

## 베스 샤피로

Carlson, Colin J., Rita Colwell, Mohammad Sharif Hossain, et al. "Solar Geoengineering Could Redistribute Malaria

Risk in Developing Countries." *Nature Communications* 13, no. 2150 (2022). https://doi.org/10.1038/s41467-022-29613-w.

## 데이비드 N. 스퍼겔

Borges, Jorge Luis. "Funes the Memorious." In *Labyrinths: Selected Stories and Other Writings*, edited by Donald A. Yates and James E. Irby, 59–66. New York: New Directions, 2007.
Burnet, Thomas. "'God Is under Construction': The Playful Spirit of Dr. Frank Wilczek." John Templeton Foundation. 2022. https://www.templeton.org/news/god-is-under-construction-the-playful-spirit-of-dr-frank-wilczek.
Frost, Robert. "Fire and Ice." In *The Poetry of Robert Frost: The Collected Poems, Complete and Unabridged*, edited by Edward Connery Lathem, 220. New York: Henry Holt, 1969.

## 우발도 비탈리

Attar, Farid ud-Din. *The Conference of the Birds*. Translated by Afkham Darbandi and Dick Davis. New York: Penguin, 1984.
Brandi, Cesare. *Teoria del restauro* [문화유산의 수복이론]. Turin: Einaudi, 1963. In English as *Theory of Restoration*. Translated by Cynthia Rockwell. Florence: Nardini, 2005.

**에밀리 윌슨**

Borges, Jorge Luis. "Pierre Menard, Author of the Quixote."
 In *Labyrinths: Selected Stories and Other Writings*, edited
 by Donald A. Yates and James E. Irby, 36–44. New York:
 New Directions, 2007.
Wilson, Emily, trans. *The Odyssey*. By Homer. New York:
 W. W. Norton, 2018.

바이오

**말라 스피박**

말라 스피박은 맥아더 펠로이자 미네소타 대학교의 곤충학 분야 맥나이트 석좌 교수로, 꿀벌의 건강을 보호하고 증진하는 연구에 주력하고 있습니다. 말라는 모든 수분 매개자를 지원하기 위해 꽃이 풍부한 경관을 조성하는 데 집중하고 있습니다.

**대니 S. 바셋**

대니 S. 바셋은 펜실베이니아 대학교의 J. 피터 스커카니치 교수로, 생명공학, 전기 및 시스템 공학, 물리학 및 천문학, 신경과학, 정신과에서 교수로 재직 중이며, 산타페 연구소의 외부 교수로도 활동하고 있습니다. 바셋은 인간 뇌 네트워크에서 인지와 질병의 기본 메커니즘을 식별하기 위해 신경 공학과 시스템 공학을 접목한 연구로 잘 알려져 있습니다. 최근 아메리칸 대학교의 철학 교수 페리 주른(Perry Zurn) 『Curious Minds: The Power of Connection』(2022)를 공동 저술했습니다. 바셋은 펜실베이니아 주립대학교에서 물리학 학사 학위를 받았고, 영국 케임브리지 대학교에서 처칠 장학금과 NIH 보건과학 장학생으로 물리학 박사 학위를 받았습니다. UC 산타바바라에서 박사후 연구원으로 활동한 뒤 세이지 정신 연구 센터에서 연구원으로 근무했습니다. 바셋은 미국 심리학회 "Rising Star"(2012)를 비롯해 앨프리드 P. 슬론 리서치 펠로(2014), 맥아더 펠로 "천재상"(2014), IEEE 의생명공학 학회 "초기 학문 성과 상"(2015), 하버드 고등 교육 리더상 (2015), 해군 연구청 젊은 연구자상(2015), 미국 국립과학재단 CAREER 상(2016), "Brilliant 10"(Popular Science, 2016), 라그랑주 상(Complex Systems Science, 2017), 에어디쉬-레니 상 (Network Science, 2018), OHBM 젊은 연구자상(2020), AIMBE

펠로(2020), 미국 물리학회 펠로(2021) 등을 수상했습니다. 바셋은 400편 이상 동료 심사를 받은 논문을 발표했으며, 해당 논문들은 42,000회 이상의 인용 기록을 보유하고 있습니다. 또한 다수의 책 챕터와 교육 자료를 저술했습니다. 바셋은 펜 네트워크 시각화 프로그램의 설립 책임자로, 네트워크 과학과 시각 예술을 연결하는 학부 예술 인턴십 및 K-12 교육 프로그램을 운영하고 있습니다. 바셋의 연구는 미국 국립과학재단(NSF), 국립보건원(NIH), 육군 연구소, 해군 연구소, 국방부, 알프레드 P 슬론 재단, 존 D. & 캐서린 T. 맥아더 재단, 폴 앨런 재단, ISI 재단 및 Curiosity 센터에서 지원을 받고 있습니다.

## 피터 콜

피터 콜의 가장 최근 시집은 『Draw Me After』(FSG 출판)입니다. 『시의 꿈: 무슬림과 기독교 스페인의 히브리 시, 950-1492년』를 비롯해 많은 저서가 중세 및 현대 히브리어와 아랍어로 번역되었습니다. 콜은 미국 예술문학 아카데미 문학상, 구겐하임 펠로십, 유대인 문학 시 부문 국가 도서상 등을 받았으며, 2007년 맥아더 펠로로 선정되었습니다.

## 제프리 깁슨

제프리 깁슨은 뉴욕 허드슨을 기반으로 활동하는 학제 간 융합 예술가로, 그의 작품은 아메리카 원주민 문화에 뿌리를 둔 다양한 미적, 물질적 역사와 현대 하위문화를 참조하고 있습니다. 주요 개인전으로는 《When Fire Is Applied To A Stone It Cracks》(2019, 브루클린 미술관), 《The Anthropophagic Effect》(2019, 뉴 뮤지엄, 뉴욕), 《Jeffrey Gibson, LIKE A HAMMER》(2018, 덴버 미술관 주최), 《This Is The Day》(2018, 웰린 미술관 주최), 《Look How Far We've Come!》(2017, 해거티 미술관, 밀워키), 《Jeffrey Gibson: Speak to Me》(2017, 오클라호마 컨템포러리 아트 센터), 《A Kind of Confession》(2016, 서배너 미술대학 박물관)이 있습니다. 또한 《2019 휘트니 비엔날레》(휘트니 미술관, 뉴욕), 《Aftereffect》(2019, 현대 미술관, 덴버), 《Suffering from Realness》(2019, 매사추세츠 현대 미술관, 노스애덤스), 《Art for a New Understanding: Native Voices, 1950S to Now》(2018, 크리스털 브리지 미술관, 벤턴빌) 등 여러 단체전에도 참여했습니다. 또한, 휘트니 미술관, 브루클린 미술관, 덴버 미술관, 보스턴 미술관, 국립 아메리카 인디언 박물관, 캐나다 국립미술관, 크리스털 브리지 미술관 등 여러 기관에 작품이 영구 소장되어 있으며, 2019년 맥아더 재단 펠로십, 2015년 조안 미첼 재단의 화가 및 조각가 상, 2005년 크리에이티브 캐피탈 재단 상 등을 수상했습니다.

**캠벨 맥그래스**

캠벨 맥그래스는 시집 『Spring Comes to Chicago』, 『Seven Notebooks』, 2017년 퓰리처상 최종 후보작인 『XX: Poems for the Twentieth Century』, 그리고 가장 최근작 『Nouns & Verbs: New and Selected Poems』(Ecco Press, 2019)를 포함해 총 11권의 시집을 출간한 시인입니다. 그는 킹즐리 터프츠 상, 구겐하임 펠로십, 맥아더 펠로십, USA 나이트 펠로십, 그리고 미국 의회도서관에서 수여하는 위터 바이너 펠로십 등 다수의 문학상을 받았습니다. 그의 시는 뉴요커, 하퍼스, 애틀랜틱, 뉴욕 타임스 오피니언 페이지 등 여러 문학잡지와 계간지에 실렸습니다. 시카고에서 태어난 맥그래스는 현재 가족과 함께 마이애미 비치에 거주하며, 플로리다 국제 대학교에서 필립

앤드 퍼트리샤 프로스트 창작문예 교수이자 영어학과 석좌 교수로 재직 중입니다.

**피터 N. 밀러**

피터 N. 밀러는 뉴욕 바드 대학원 센터에서 학장 겸 문화사 교수로 재직 중이며, 17세기 초 골동품 연구가 니콜라 파브리 드 페이레스크(Nicolas Fabri de Peiresc)에 대한 책 시리즈, 유럽 골동품 연구의 역사, 그리고 사물의 증거를 활용한 현대 연구에 관한 저서를 집필했습니다. 그는《Dutch New York Between East and West: The World of Margarieta van Varick》(BGC, 2009),《What Is the Object?》(BGC, 2022),《Conserving Active Matter》(BGC, 2022) 등의 전시를 공동 기획했으며, 앤드루 W. 멜론 재단의 지원을 받아 BGC에서 10년간 진행해 온 "보존의 문화" 프로젝트를 전시와 웹사이트로 마무리 지었습니다. 그의 주요 관심사는 전문 역사가뿐만 아니라 큐레이터, 보존가, 예술가들이 수행하는 연구의 '방법'과 '원인'에 관한 것입니다. 그는 2001년부터 바드에서 근무했으며, 이전에는 케임브리지 대학교, 시카고 대학교, 메릴랜드 대학교(칼리지 파크)에서 강의했습니다. 또한 런던 대학교 바르부르크 연구소, 베를린 고등연구소(Wissenschaftskolleg zu Berlin/Institute for Advanced Study)에서 연구원으로 근무했으며, 마르세유 사회과학고등연구원(École des Hautes Études en Sciences Sociales)과 파리 고등사범학교(École Normale Supérieure)에서 방문 교수를 역임했습니다. 그는 미국 인문학 기금(National Endowment for the Humanities), 구겐하임 펠로십, 맥아더 펠로십을 수상했습니다.

## 센딜 멀레이너선

센딜 멀레이너선은 시카고 부스 경영대학원에서 전산 및 행동 과학 분야의 로만 패밀리 대학교 교수로 재직 중이며, 응용 인공지능 센터의 초대 학장으로 활동하고 있습니다. 그의 연구는 머신러닝을 활용해 인간 행동, 사회 정책, 특히 의학 분야의 복잡한 문제를 이해하는 데 중점을 두고 있으며, 대규모 건강 데이터를 통해 생물 의학적 통찰을 도출하는 데 기여하고 있습니다. 그는 『결핍의 경제학』(Scarcity: Why Having too Little Means so Much)을 공동 저술했으며, 뉴욕 타임스에 정기적으로 기고하고 있습니다. 멀레이너선의 연구는 다양한 학술지에 게재되었으며, 행동 과학을 응용하는 비영리 단체 ideas42의 공동 설립자이자, J-PAL 빈곤행동연구소의 공동 창립자입니다. 그는 맥아더 재단 이사회에서 활동하고, 여러 정부 기관에서 다양한 역할을 수행해 왔습니다. 또한 국립경제연구원(NBER), BREAD, 미국 예술과학아카데미의 회원으로도 활동하고 있습니다. 멀레이너선은 시카고 부스에 합류하기 전에 하버드 대학교에서 로버트 C. 왜거너 경제학 교수로 재직하며 머신러닝과 빅데이터에 대해 강의를 했으며, 그의 학문적 경력은 매사추세츠 공과대학교(MIT)에서 시작되었습니다. 멀레이너선은 맥아더 "천재상"을 수상했고, 세계경제포럼에서 "Young Global Leader"로 선정되었으며 『Foreign Policy』에서 "Top 100 Thinkers"로, 『와이어드』(Wired) 영국판에서 "Smart List"에 이름을 올렸습니다. 그의 취미는 농구, 보드게임, 구글링, 그리고 클래식 에스프레소 머신 수리입니다.

## 스탠리 넬슨

스탠리 넬슨은 아프리카계 미국인의 경험을 기록하는 데 있어 가장 영향력 있는 다큐멘터리 감독입니다. 그의 영화는 풍부한 역사적 디테일과 서사적 깊이를 결합해, 잘 알려지지 않은 미국의 과거를 조명합니다. 넬슨은 맥아더 "천재상"과 프라임타임 에미상을 5회 수상했으며, 에미상, 피바디상, 그리고 국제 다큐멘터리 협회에서 평생 공로상을 받았습니다. 2013년에는 버락 오바마 대통령으로부터 미국 인문학 메달을 수상했습니다. 넬슨의 최근 다큐멘터리 영화 「아티카」는 1971년의 감옥 반란을 다룬 작품으로, 트레이시 A. 커리와 공동 제작히였으며, 2021년 토론토 국제 영화제의 개막작으로 상영되었습니다. 이 영화는 제94회 아카데미상 후보에 올랐으며, 현재 쇼타임에서 스트리밍 중입니다. 그 외에도 에미상 후보에 오른 마코 윌리엄스와의 공동 연출작 「Tulsa Burning: The 1921 Race Massacre」, 넷플릭스에서 방영된 「Crack: Cocaine, Corruption & Conspiracy」, 그리고 그래미상 최우수 음악 영화 부문에 처음으로 노미네이트된 「Miles Davis: Birth of the Cool」(2020)이 있습니다. 넬슨의 영화 「The Black Panthers: Vanguard of the Revolution」(2016)은 그 상징적인 조직에 대한 최초의 장편 역사 다큐멘터리로, 경찰 폭력에 맞선 초기 아프리카계 미국인 커뮤니티의 행동주의를 다루었으며 2016년 NAACP 이미지상을 수상했습니다. 「Freedom Riders」(2010)는 프라임타임 에미상 3회를 수상하고 미국 의회도서관 국가 영화 기록 보관소에 등재되었으며, 「Freedom Summer」(2014)는 피바디상을 수상했습니다. 이 두 작품은 각각 1960년대 민권 투쟁의 중요한 사건인 짐 크로 남부 지역의 흑인 유권자 등록과 대중교통 시설의 인종 차별 철폐를 위한 다인종 운동을 새롭게 조명한 작품입니다. 넬슨의 2003년 작품 「The Murder of Emmett

『Till』은 1955년 미시시피에서 14세 흑인 소년이 잔인하게 살해된 사건을 다룬 영화로, 이 사건은 시민권 운동 중반기에 큰 영향을 주었습니다. 이 영화는 사건의 새로운 목격자를 발견하여 미국 법무부가 사건을 재조사하도록 촉구하는 데 도움을 주었습니다. 2000년, 넬슨은 그의 아내 마샤 A. 스미스와 함께 비영리 단체 파이어라이트 미디어(Firelight Media)를 설립하여, 유색인종 논픽션 영화 제작자를 지원하고 개발하는 활동을 이어가고 있으며, 파이어라이트 필름스(Firelight Films)를 통해 다양한 커뮤니티 관련 논픽션 영화를 제작하고 있습니다.

### 로렌 레드니스

로렌 레드니스는 작가이자 예술가로, 맥아더 재단 펠로십 수상자입니다. 그녀의 저서『Thunder & Lightning: Weather Past, Present, Future』는 2016년 PEN/E.O. 윌슨 과학 저술상을 받았고, 『Radioactive: Marie & Pierre Curie, A Tale of Love and Fallout』은 전미 도서상(National Book Award) 최종 후보에 올랐습니다. 가장 최근 저서는『Oak Flat: A Fight for Sacred Land in the American West』(2020)입니다. 레드니스는 구겐하임 미술관, 뉴욕 공립 도서관 컬먼 센터, 뉴아메리카재단의 펠로로 활동했으며, 2013년에는 미국 자연사 박물관의 입주 작가로, 2020년에는 뉴욕 시립 발레단의 링컨센터 작가로 활동했습니다. 현재 뉴욕시 파슨스 디자인 스쿨에서 학생들을 가르치고 있습니다.

### 베스 샤피로

베스 샤피로는 빙하기 동식물의 유전학을 전문으로 하는 진화 생물학자이자, "고대 DNA" 연구 분야의 선구자입니다.

그녀는 알래스카, 시베리아, 캐나다 등 북극 지역을 자주 여행하며 매머드, 거대 곰, 멸종된 낙타와 말 등의 유해를 수집해 연구합니다. 샤피로는 이 유해에서 추출한 DNA 서열을 통해 과거 기후 변화에 따른 종의 분포와 풍부함의 변화를 연구하며, 어떤 종은 멸종하고 다른 종은 어떻게 생존했는지 밝히는 데 주력하고 있습니다. 이 연구는 오늘날 기후 변화로 위협받고 있는 종들을 보존하기 위한 전략을 개발하는 데 기여할 수 있습니다. 샤피로는 캘리포니아 대학교 산타크루즈의 교수이자 고생 유전체학 연구소 공동 소장으로, 하워드 휴즈 의학 연구소의 연구원으로도 활동하고 있습니다. 그녀는 미량의 DNA를 복구하고 분석하는 기술을 개발하며, 이를 통해 생물학적 공동체와 생태계를 더 회복력 있게 만드는 방법을 연구하고 있습니다. 샤피로는 서얼 스칼라, 패커드 펠로, 내셔널 지오그래픽 탐험가, 맥아더 펠로로 선정된 바 있으며, 대중 과학 저술가로도 활동하며 유전체 기술의 가능성을 탐구합니다. 그녀의 저서 『How to Clone a Mammoth: The Science of De-extinction』(2015)과 『Life As We Made It』(2020)은 멸종된 종을 되살리는 기술의 가능성과 정당성, 그리고 인간이 지구상의 생명을 조작해 온 역사를 깊이 있게 다룹니다.

### 데이비드 N. 스퍼겔

데이비드 N. 스퍼겔은 사이먼스 재단의 회장이며, 프린스턴 대학교의 천문학 명예 교수이자 뉴욕 플랫아이언 연구소에서 천체물리학 센터에서 창립 이사로 활동했습니다. 스퍼겔은 1982년 프린스턴 대학교에서 학사 학위를 최우등으로 졸업하고(파이 베타 카파), 1년간 옥스퍼드 대학교에서 연구한 뒤 1985년 하버드 대학교에서 박사 학위를 받았습니다. 이후 고등연구소에서 2년간 장기

회원으로 활동한 후, 1987년 프린스턴 천체물리학 교수로 합류했으며, 물리학과 기계 및 항공우주공학 부서에서도 부교수로 재직했습니다. 2006년부터 2016년까지 학과장을 역임했으며, 그의 임기 동안 해당 학과는 US 뉴스 앤 월드리포트와 미국 과학 아카데미(NAS)에서 지속적으로 1위로 평가받았습니다. 2016년 천체물리학 센터의 창립 이사가 되었고, 2021년 사이먼스 재단 회장직을 맡았습니다. 스퍼겔은 400편 이상의 논문을 발표했고, 그의 연구는 115,000회 이상 인용되었으며, h 지수는 127에 달합니다.

**에밀리 윌슨**

에밀리 윌슨은 펜실베이니아 대학교 고전학과 교수이자 비교문학 및 문학 이론 프로그램의 학과장으로 재직 중이며, College for Women Class of 1963 인문학 교수입니다. 그녀의 저서로는 『Mocked with Death: Tragic Overliving from Sophocles to Milton』(존스홉킨스, 2005), 『The Death of Socrates: Hero, Villain, Chatterbox, Saint』(하버드, 2007), 그리고 『The Greatest Empire: A Life of Seneca』(옥스퍼드, 2014)가 있습니다. 윌슨은 『노턴 세계문학 앤솔러지』(Norton Anthology of World Literature) 개정판의 고전학 편집자입니다. 또한, 『Six Tragedies of Seneca』(옥스퍼드), 『The Greek Plays』시리즈에 포함된 유리피데스의 네 편의 희곡(모던 라이브러리, 2016), 『Oedipus Tyrannos』(노턴, 2020), 그리고 『오디세이』(2017, 2020년 노턴 크리티컬 에디션 포함)를 번역했습니다. 윌슨은 블룸즈버리 문화사 시리즈의 『Ancient Tragedy』(2019)를 편집했고 2023년에 출간된 『일리아드』의 새로운 번역 작업을 진행했습니다. 윌슨은 2019년에 맥아더 펠로로 선정되었으며, 2020년에는 구겐하임 펠로십을 수상했습니다.

## 우발도 비탈리

우발도 비탈리는 1944년 로마에서 4대째 이어온 은세공 가문에서 태어났습니다. 그는 로마의 리체오 아르티스티코(Liceo Artistico)와 로마 미술 아카데미(L'Accademia di Belle Arti) 조각학부, 그리고 로마 대학교 건축학부(L'Università di Roma)에서 공부했습니다. 그는 이탈리아 박물관을 관리하는 기관인 소프린텐덴차와 유럽의 여러 박물관과 갤러리에서 예술 작품을 보존하고 복원하는 일을 했습니다. 또한, 이탈리아 정부의 외교 선문과 세 명의 교황, 영국 여왕, 이란의 샤 등에게 증정된 은 제품을 디자인하고 제작했습니다. 1967년 미국으로 이주한 후 메트로폴리탄 미술관, 디트로이트 미술관, 톨레도 미술관, 보스턴 미술관, 예일 아트 갤러리, 노스캐롤라이나 미술관, 뉴어크 미술관, 댈러스 미술관 등 미국의 주요 미술관에서 작업을 해왔습니다. 미국 국무부의 의뢰로 미국 대통령이 외국 귀빈들에게 증정할 은 제품을 설계하고 제작했으며, 그의 작품은 뉴어크 미술관, 휴스턴 미술관, 예일 아트 갤러리, 스미스소니언 아메리칸 미술관 렌윅 갤러리에 작품이 영구 소장되어 있으며, 1990년 10월부터 12월까지 뉴어크 미술관에서 개인전을 열었습니다.